「疑今者察之古，不知来者视之往。」

这是一场与过去的对话，

在这场隔着两千多年时光的对话中，

你是否也能感受到先人和我们血脉相连呢？

英雄难过语言关

商晚期带卜辞的龟腹甲

先秦的文字有很多种书写方法，如刻在龟甲或兽骨上的甲骨文、撰在青铜器上的金文、书刻于简牍上的大篆等。到了战国时期，各诸侯国又在此基础上发展演变出了各种具有本国特色的文字，如赵字、楚字、秦字等，它们的写法也各不相同。

简牍的制作过程

撰写工具

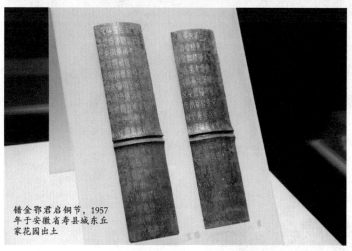

错金鄂君启铜节，1957
年于安徽省寿县城东丘
家花园出土

先秦时代没有纸张，而帛和绢尽管也可以作为书写载体，但它们一点都不便宜，所以公文、书信大多记录在简牍上。先民们用刻刀或笔把字录在竹简、木简上，再用绳捆扎。若是不小心写错字怎么办？很简单，麻溜地用小刀刮掉吧。如果信件内容不方便透露，他们还会在绳结处回检木，上封盖有钤印的封泥，以防泄密。

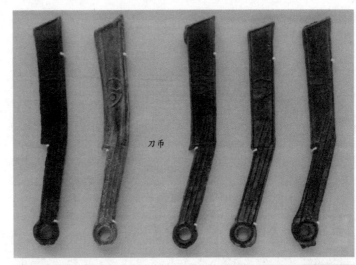

刀币

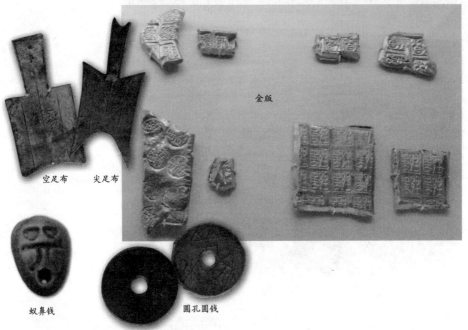

金版

空足布　尖足布

蚁鼻钱　　　　圆孔圆钱

春秋战国时期，各诸侯国自行铸造货币并相互流通，所以这一时期货币最大的特点是铸币种类繁多，币制混乱。从材质上讲，主要有两种货币，铜钱和金子。而将金子铸成货币的，只有一个国家，那就是楚国，楚国发行了金版和金饼两种金币。至于铜币，各国都有铸造，大体分为布币、刀币、圆钱和蚁鼻钱（鬼脸钱）四大类。

越王勾践剑剑身上铸有"越王鸠浅自作用剑"（"鸠浅"即"勾践"）字样的铭文，而吴王夫差矛矛身上的铭文则为"吴王夫差自作用鈼"（鈼，音zuó，矛的一种）。很多专家学者根据铭文推断，这两把兵器属于勾践和夫差两位君王。不过奇怪的是，这两柄兵器并没有在江浙一带被发现，而是出自湖北的楚国墓地。纵观历史，吴国被越国所灭，而越国又被楚国灭了，所以推断这两件兵器成了楚国人的战利品也说得过去。楚国乃是一大强国，在它八百多年的历史里，共兼并了六十多个国家，创造了春秋战国时期吞并国家最多的纪录，先秦乱世由此可见一斑。

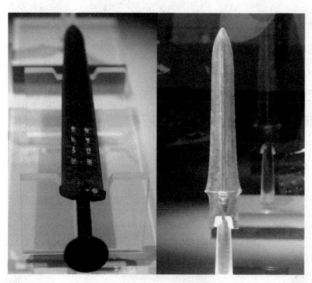

越王勾践剑（左）和吴王夫差矛（右），湖北省博物馆藏

两千多年前的吴越，地广人稀，绝对是一片恍若仙境的人间净土。在这片净土上，您不仅能呼吸到最纯净的空气，品尝到最绿色的食物，还能领略到最原始的自然风情。吴越地区水泽密布，河里还生活着大量现今几近绝迹的白鳍豚和江豚呢。

猎杀犀牛

白鳍豚   江豚

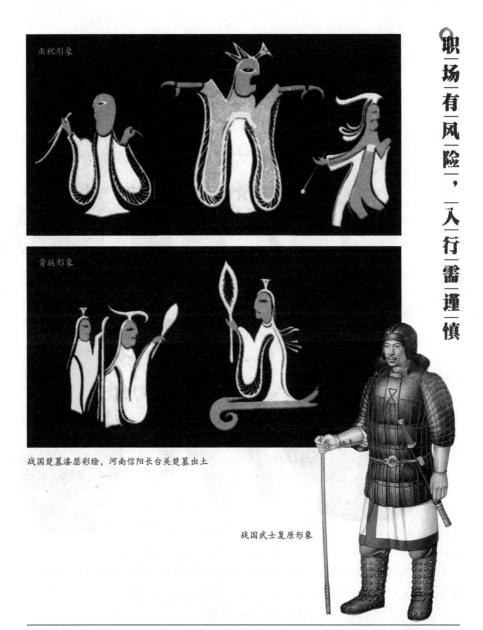

巫祝形象

贵族形象

战国楚墓漆瑟彩绘，河南信阳长台关楚墓出土

战国武士复原形象

先秦人的生活离不开卜卦，出门前卜个卦看看凶吉算是平常事。不仅楚地风俗如此，三晋、齐鲁等地也如此，甚至在推崇法家文化的秦国，当地人的日常生活也离不开凶吉数术。在那个匠人难做、将军难当、谍人惊险、奴隶命苦、贵族操心的年代，倒是当个"神棍"最悠闲自在。

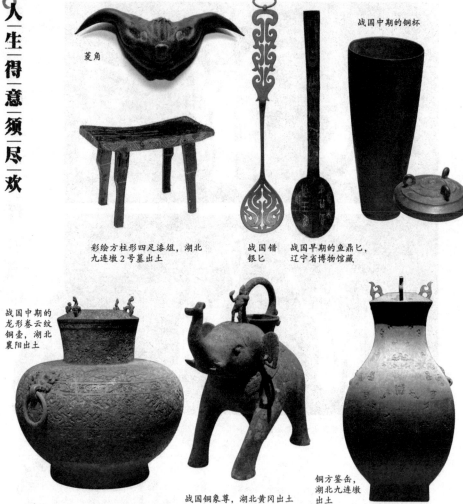

菱角

战国中期的铜杯

彩绘方柱形四足漆俎, 湖北
九连墩2号墓出土

战国错
银匕

战国早期的鱼鼎匕,
辽宁省博物馆藏

战国中期的
龙形卷云纹
铜壶, 湖北
襄阳出土

战国铜象尊, 湖北黄冈出土

铜方鉴缶,
湖北九连墩
出土

由于时代久远, 许多先秦时期的珍馐我们已无法品尝到, 但也有一些食物仍旧是现今餐桌上的美味, 比如菱角。菱角又称"水栗", 皮脆肉美, 营养丰富, 蒸煮后剥壳食用, 亦可熬粥食, 是我国南方地区的常见食物。

先秦时期盛行分食制, 在饮食上, 贵族们相当讲究, 烹具、餐具琳琅满目, 五花八门。鼎、鬲(lì)、甗(yǎn)相当于现在的锅; 尊、卣(yǒu)、盉(hé)、缶、壶等属盛酒器, 壶亦可盛水; 角、觚(gū)、觯(zhì)等属饮酒器; 簋(guǐ)、敦(duì)、豆等相当于现在的碗, 敦盛黍、稷、稻、粱, 豆盛肉酱。

先秦时期的文娱活动丰富多彩。据一些学者考证，仅《诗经》中记载的乐器就多达二十九件，包含了弹拨乐器、打击乐器和吹奏乐器。想来，两千多年前的中国"交响乐"必定是震撼极了。

战国编钟

虎座鸟架鼓

竽

浮雕十弦琴

人生得意须尽欢

乐师、舞者（最右）形象，见于战国楚墓漆瑟彩绘，河南信阳长台关楚墓出土先秦人的生活其实挺多姿多彩的，尤其是贵族。先秦贵族的私生活不只是白天畋（tián）猎、晚上夜宴观舞这么无聊，那时流行的娱乐项目有很多，如赛马、走犬、角抵、蹴鞠、斗鸡、投壶、六博等，都是些有助于放松身心、亲近自然的慢生活方式。

角觝圖

蹴鞠

角抵

六博

人生得意须尽欢

曾侯乙墓出土的矛状铜车軎（wèi）

战国冬装乘马图，见于湖南长沙楚墓出土的车马卮部分彩绘

甘肃马家塬战国墓马车复原，照片由网友 King-Ky 拍摄

先秦时期是个出行基本靠走、通讯基本靠吼的年代，土豪除外。土豪出门有的是宝马车，只是这车肯定不会是有四个排气管的"宝马"，而是由四匹宝马拉的轩车，也就是驷马轩车。至于这些车有多豪华，看甘肃马家塬墓葬群随葬车辆就知道了，根据资料显示，这些车辆以金、银、铜、锡、料珠、肉红石髓等装饰，价值千金！

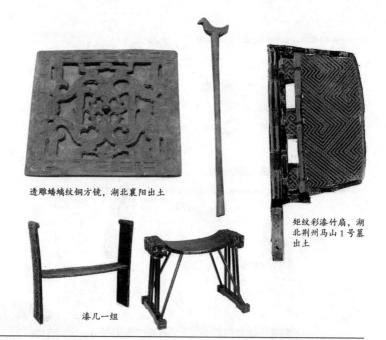

先秦宅文化

透雕蟠螭纹铜方镜，湖北襄阳出土

矩纹彩漆竹扇，湖北荆州马山1号墓出土

漆几一组

先秦时期，人们标准的迎客坐姿是正坐，即跪地而坐，臀部放于脚踝，上身挺直，双手规矩地放于膝上。正坐也就是跪坐。跪坐，这可比跪还累人，尤其对长者而言，实在是件辛苦的体力活。于是人们又发明了一种专供跪坐时凭倚的家具——凭几。凭几通常设于座席一侧，供人们伏肘凭倚用。

矩纹彩漆竹扇乃是我国迄今发现的年代最早的彩漆竹扇。古人出行时常用这种扇子遮蔽面部，以避免阳光直射或风沙袭扰。为方便观察前方，扇面还特地留有两个长方形的孔洞。另外，它还有一个好玩的功能，假使持扇者遇到熟人不想打招呼，还可"以此自障面，则得其便"，因此这种竹扇又称"便面"或"屏面"。

人物群像图，见于湖南长沙楚墓出土的彩绘漆厄。图中人物腰肢纤细，可见"楚王好细腰"不假

先秦时期，人们睡觉都是靠打地铺，倒不是没有床，只是那个时候的床和唐代的胡床一样，主要作用是坐，而不是睡觉。打好地铺以后，盖上寝衣，就可以入睡了。注意啦，寝衣可不是衣服，而是先秦人对被子的称呼。

复原的对凤对龙纹绣浅黄绢面衾

折叠床，战国包山2号楚墓出土

香囊

铜熏杯，湖北襄阳出土

虽然卫生条件十分有限，但生活在先秦时代的人们还是挺注意个人卫生的。除正常的洗浴外，他们也喜欢在熏杯中焚香以营造愉悦氛围并使衣物、身体染香。此外，那个时代的人们还喜欢佩戴容臭，也就是我们今天所说的香囊。和唐代的鎏金香囊不同，先秦时期的香囊可是丝织品哦。

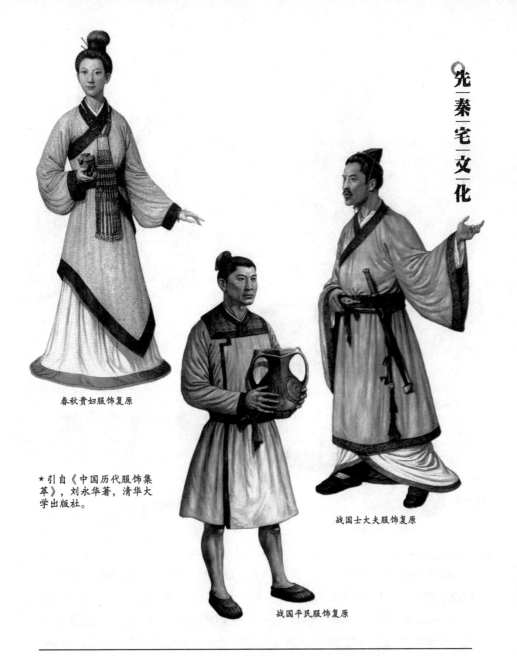

春秋贵妇服饰复原

★引自《中国历代服饰集萃》，刘永华著，清华大学出版社。

战国平民服饰复原

战国士大夫服饰复原

先秦时期，人们的审美和现代人有几分接近：一是喜欢白皙的肤色，二是喜欢高个儿，三是追求自然美。据考古资料显示，贵妇们大多体态匀称，着曲裾深衣，梳高髻，髻饰木笄；士大夫们也着曲裾深衣，头戴冠，身上少不了佩玉；平民盘髻，髻上裹"偏渚"（系结发束的布带），着深衣，腰束布带，脚穿革履。

先秦宅文化

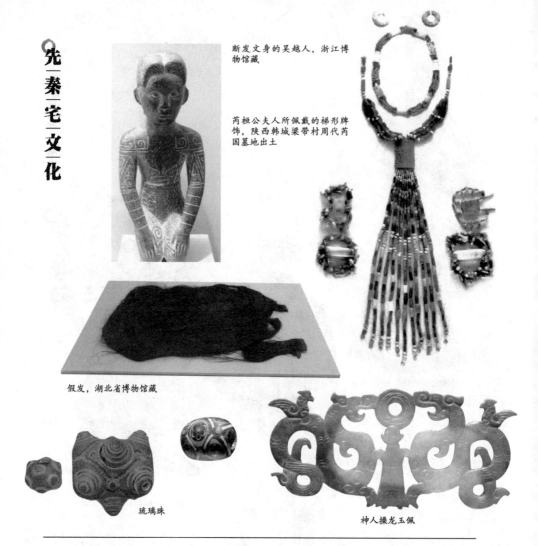

断发文身的吴越人，浙江博物馆藏

芮桓公夫人所佩戴的梯形牌饰，陕西韩城梁带村周代芮国墓地出土

假发，湖北省博物馆藏

琉璃珠

神人操龙玉佩

先秦时期的潮搭是什么样的呢？首先，假发可谓潮人必备。在先秦时期，靓妹子、帅汉子绝不会是秃子，人们管假发叫"髢（dí）"或"鬄（tì）"，除了爱美的女士会佩戴假发外，一些发量偏少的男士也会佩戴。此外，琉璃珠也是颇受喜爱的一种饰物，人们用它们来装饰自己的头发。在当时的百越地区还流行着一种另类的当地风俗——男子断发文身，女子雕题黑齿。"断发文身"意味着汉子们都是短发，上身刺满花纹，"雕题黑齿"则意味着妹子们的额上有纹饰，还满口的黑牙。想想姑苏台上黑齿的"西施"和断发文身的夫差，一面用越言你侬我侬，一面欣赏着天边的明月……我只想说"这画面太美，我不敢看"。

婚礼又作"昏礼",婚礼在黄昏举行。新人着缁衣或者玄端,这两种礼服的主体衣色都是黑色,婚礼过程并不奏乐。有趣的是,活雁可算婚礼过程中的第三位主角,婚礼的六项仪式除"纳征"外,其余环节皆需持雁为礼,象征着先民们对"忠贞"的看重。婚礼过程中,还要以盘、匜(yí)、缶、勺等盥洗之器洗手洁面,行"沃盥"之礼。沃盥有一定仪规,在进行礼仪活动时,庭洗均设于台阶东南部,宾主按一定礼节在此洗手,然后才能行礼。长者先用勺从缶中挹(yì)水盛入匜中,再用匜中的清水自上而下为贵族浇手,少者则捧盘承接用过的弃水。

彩绘漆盘和漆匜

战国中期的凤鸟双连杯,湖北荆门出土

雁

找对象是个技术活

战国曾侯乙漆棺

玉覆面，湖北荆州
秦家山楚墓出土

战国玉璧，湖北江陵楚墓出土

先秦时期费时、费力的不是婚礼，而是丧礼，尤其是父亲大人的丧礼。婚礼和丧礼相冲时，只要还没举行仪式，就都得为丧礼让道，等服完丧后才能完婚。而服丧时间则根据远近亲疏分为五等，分别是斩衰（cuī）、齐（zī）衰、大功、小功、缌（sī）麻。服丧时间最长的是斩衰，即儿子或者未出嫁的女儿替父亲所服之丧，丧期三年。在这守孝的三年里，服丧者需一直穿着丧服，这种丧服用三升或者三升半的麻制成，不缝边。服丧期间，孝子、孝女不可吃肉饮酒，更别提结婚了。倘若一个人运气不好，一连服丧，搞不好三十了还没娶妻呢。

两千多年的人事变迁使得很多名胜古迹消失不见，如同尘埃，只有少数历史遗迹被完整地保存了下来。相传章华寺有一片梅林，为楚灵王所植，已有两千五百多年历史了。如今仅有一棵存世，且每年寒冬依旧凌霜而绽。

章华台楚梅，
照片由赵楚辉拍摄

复原的齐国都城临淄

稷下学宫

先秦

一场与过去的对话

先秦穿越生存手册

柳馥 著

台海出版社

目录

编 者 寄 语

其实广义的先秦，是指秦朝建立以前的漫长历史时期，它从传说中的三皇五帝一路走来，历经夏、商、西周，来到春秋战国，止于秦朝大一统。然而太过久远的历史总让人难以捉摸，只能靠考古和传说加以揣度。文字的出现解决了这一尴尬，甲骨文的现世和研究，使得人们对先秦历史的研究有了长足进步。

不过有一个时代，即使不研究甲骨文，不从事考古，我们也能对它有一个大致认识，那就是春秋战国。春秋战国这一大动荡时代，奇妙地出现了百家争鸣的空前文化盛况，先贤们著书立学，留下典籍传世。这些文字，在时间海洋里流淌了两千多年，而我们就通过它们触摸这个遥远时代。

《先秦穿越生存手册：一场与过去的对话》一书所要描述的就是这个时代，它上接西周，下启秦朝。作者用她独特的语言将那个时代的人文地理、风俗人情、社会常识、婚丧嫁娶、衣食住行等一一呈现。不仅如此，它还会告诉您天下诸国什么地方好玩，什么东西好吃，什么事物最新奇，什么职业最合适……当然它还会告诉您什么话说不得，什么事做不得，什么官当不得，什么人嫁不得……

翻看本书，希望能给读者朋友带来愉快的阅读体验。如果大家能因此对这段历史产生兴趣，这将是对我们最好的馈赠。徜徉在历史海洋中，大家应该能得到更大的快乐。

序

（一）

"穿越"或者"架空"，是自武侠小说衰落以来，在青少年中间长盛不衰的小说题材，由于能满足青少年强烈的好奇心和探索精神，又能契合他们的英雄或佳人情节，因而广受欢迎，大行其道。借助网络传播的力量，它所造成的影响自令传统文学难以望其项背，加上近年来根据网络上广受欢迎的几部穿越小说改编的电视剧的热播，更对这种热潮形成了推波助澜之势，一时间形成似乎无文不"穿"的"盛况"。

如果把"穿越"理解成穿越者永久性地或暂时性地从一个时空进入其本身并不曾存在于其中的另一个时空的话，中国古代似乎亦曾有过类似于穿越题材的文学作品，比如《聊斋·促织》中成名的儿子醒后自言曾化身为轻捷善斗的促织入宫为宣德皇帝娱戏。但是穿越这种题材本身基本上是国外舶来的文化产品，因此在欧美国家自然要成熟许多，不但有向后穿越回到过去的，也有向前穿越回到未来的，在西方文明里具有相对悠久的传统，也具有很深的物理学背景。相对而言，中国悠久而丰富的历史文献和考古文物资源，以及相对不发达的自然科学技术和教育水平，决定了"中国式穿越小说"绝大多数都是向后穿越回到过去，以影响甚至改变历史进程为其基本表现形式，黄易的《寻秦记》可说是这一类历史题材穿越小说的里程碑式的开山之作。

事实上，创作严肃的历史题材穿越小说，与创作严肃的历史小说难度不相上下，要求创作者对其笔下的历史背景和风俗礼仪拥有相当程度的熟悉和理解，否则就会贻笑大方，闹出关公战秦琼的笑话来。至少历史学者、考古学者是以严肃的眼光，怀有足够的敬意来看待穿越文学（以及其他一切涉及历史和考古的文学作品）的。

然而目前我们所见到的情况，却是若干年轻缺乏经验的作者对于自己写作时的知识储备没有给予足够的重视，只陶醉于表达自己的主观感受，却随心所欲地置自己想要表述的时代印记于全然不顾；或者也有若干是有心谨严于严肃的历史表述，但由于学识和阅历所限而力有不逮者。于是张冠李戴、画蛇添足、移花接木的历史表述便屡屡出现，历史和考古学者自然对此不满。比如一个让人无法忍受但又无可奈何的情节曾出现在数不清的历史题材影视剧（不光是历史穿越题材的影视剧，还包括很多的所谓"历史正剧"）里：无论汉朝人、唐朝人还是宋朝人，上酒楼吃饭付账都是掏银子，而且还是好大一锭元宝状的官银——可想而知这些影视剧的主人公日常生活中每天的银两开销之大，每天出门时随身携银的负荷之重！这难免让人啼笑皆非。又如前几年打着"历史正剧"招牌，但在服饰、道具、建筑、陈设、风俗礼仪，以及史实陈述等细节方面错漏百出，以致引起广泛争议的电视剧《贞观长歌》。这样不细致、不负责任的创作态度，怎能让人满意？

有鉴于此，诸如《唐朝穿越指南》之类的"穿越宝典"的问世，可谓宜时宜势，其广受欢迎的程度，也证明了它们所拥有的广阔的生命力和庞大的受众市场。即使不作为穿越文写手的创作参考手册，仅仅作为（即使不读穿越文的）一般读者了解历史风俗掌故的通俗读物，也是颇可一读的作品。更何况这类打着"穿越"旗帜，实则以轻松、诙谐的方式传播历史常识的书籍，也颇合中国文人自古就有的编撰笔记的传统呢。

《先秦穿越生存手册：一场与过去的对话》就是它们中最新的成员之一。

（二）

中国的历史学科，历来具有宏观和微观两种截然不同的叙事传统。

中国传统史家一向推崇并擅长宏大叙事，用他们的如椽大笔铺陈出波澜壮阔、恢弘而富有生气的历史长卷。《史记》里霸王别姬、气断垓下的荡气回肠，哪个读来不扼腕慨叹？鸿门宴上的刀光剑影、一波三折，哪个听来不惊出一身冷汗？霍嫖姚轻骑席卷、封狼居胥的赫赫武功，哪个闻道不酣畅淋漓，直须放歌纵酒？飞将军李广的悲情谢幕，哪个想来不怅然若失，心有戚戚？这种宏大叙事的"大历史情怀"，是中国史学的一贯传统。这并不奇怪，因为中国传统史学脱胎于经学中的《春秋》和《尚书》二经，直到西晋"汲冢书"出后才自立门户，但与经学的渊源令其不会脱却自身必须承担的社会道义责任，所以扬善刺恶以资后世之鉴才是史家秉笔的最终目的。但是，史官们所记录的就是历史的全部内容？除了说不完的帝王将相、才子佳人、翻云覆雨、波谲云诡这些日益模糊的印象之外，历史还剩了些什么？

如果治史者只以纪传体正史和编年史等宏观材料作为治学的唯一依据，一般而言很难获得全面的知识——这也正是为何只翻阅手头上的二十四史很难写出鲜活而生动的历史题材小说（不管它是不是有穿越情节）的原因——大历史只提供了一个与人物、事件相关的大框架，要构筑起完整的情节，还缺少许多用来描绘细节的必要的辅助材料。这其实很像一座建筑只有木构的大梁与支柱，却缺少砖墙和门户的情形。用来在历史的骨干上构筑其血肉的这些辅助材料，就是学者们案头必备的历史风俗资料。它包罗万象，又琐碎庞杂，不太为研究者之外的一般读者所熟悉，但却是古代任何一个社会的基因密码。它像一把精确的解剖刀，使我们能借以一窥古代社会的细节真相，从而更好地理解那些已消逝在风中的往昔岁月。如果说纪传体、编年体、纪事本末体等史书为我们构筑了历史的宏观结构，那么与之相应的风俗材料就是用以丰富其内涵的微观材料，二者相辅相成，共同构成了鲜活历史的全部内容。

这里所说的"历史风俗资料"，应当包括两方面的内容：一是"俗"，即风俗，但凡衣食住行、婚丧嫁娶、吉祥禁忌、职业信仰等林林总总皆入其列，也包括这里没说而约定俗成的一些内容；一是"礼"，即国家典章制度的内容，包括法律、规章、礼仪等等，它是国家意志的组成部分。这二者合称的"礼俗"，就是我们这里所要讨论的对象。如果您翻阅古代文献，大概会发现一个很有意思的现象：中国史学的两种叙事传统差不多是同时出现的。孔子编次删定著成《春秋》和《尚书》的同时，也在采辑的《诗》中于雅、颂之外广采各诸侯国的国风，这些列国民歌中就包含有不少与当时风俗有关的内容，特别是在一些表现农事或爱情题材的诗歌中尤为明显。成书于战国的《礼记·月令》中保存了相当多的风俗材料，《尔雅》则记录了不少名物。自《史记》《汉书》创立而为各正史所继承的五行、祭祀、历法、律令、礼仪、食货、舆服诸志，更是专辟为"礼俗"篇章。后世文人留下的各类笔记、手册，也有不少涉及当时、当地的风俗世情，若不参照当时的实际情况予以解读，是很容易出现理解偏差甚至是严重误读的。这些传承有序的文献材料，构成了中国古代"礼法"社会的基石。相较于宏观史学，这些不为一般读者所注意的细枝末节反而更接近历史的常态。对历史感兴趣，或者更进一步有志于从事史学研究的读者，若能读一些这方面的材料，必将受用不穷。

　　然而，一方面由于文献在传承过程中不断流失，造成许多幸存下来的古书难以通读，只有接受长期严格的专门训练才能逐渐读懂它们；另一方面也由于古今风俗的变化，包括语言习惯的变化，今人也很难理解古人的心理和行为，自然也就很难以自身的生活环境为参照，去理解古代文献中所表达的思想。比如先秦时，人重信义、轻生死，这种可以为道义慷慨赴死的情态，大概是特别令今人震撼和难以理解的。凡此种种，实际上都构成了今人直接阅读古籍的困难，人们更多的时候是从曲解甚至是极度歪曲了历史的演义、小说、影视作品中来获取关于历史的印象的，并将之定义为自己意识中的"历史"。所以有时候，即使人们所了解的大历史（宏观叙事的历史）与史书上记载的丝毫不差，仍然会因为微观叙事上的疏忽和错误而偏离了历史的真相，甚至南辕北辙、风马牛不相及。

　　有鉴于此，像《先秦穿越生存手册：一场与过去的对话》这类将历史常识以通俗浅白的方式介绍给读者的读物，余以为是大有裨益的。阅读这些有趣的文字，有志于学者自然可以因此起步去追求更精深的学问，即使只对历史有泛泛兴趣的读者也可以增广见闻，岂非开卷有益乎？

（三）

　　如果如前所说，时下流行的不少穿越小说只是存在大量历史细节方面的错误的话，那还不足为怪。只是有一种倾向尤其需要引起我们的警惕，那就是在不少穿越小说中，回到过去的穿越者，普遍带有某种心理上的优越感，或者说带有某种程度上的"造世主"心态，仿佛那看似蛮荒落后的古代，给了他们大展身手的广阔舞台，他们只要按着现代社会的常识略施小计，就能呼风唤雨，大受追捧。其实这是一种狂妄自大的不可取态度，如果放任，很可能会走向虚无主义的泥沼。

然而史实无情地告诉我们：从身体素质上来说，已经习惯于摆弄机械，患上深度电器依赖症的现代人类，在生存技能和体格方面远逊于孔武有力的古人；在社会意识方面，自由散漫的现代人，也比古人少了许多责任和担当。更何况令人失望的现实是，新石器时代，我们用棍棒和石头互相攻击；奴隶社会和封建社会，我们用冷兵器互相杀伐；现代社会，我们用飞机、大炮、核武器互相摧毁——武器在不断升级，但人性中的贪婪和冷酷却并未随着技术和文明的进步而有些许减少。无论是在物质方面还是精神方面，我们与古人之间的差距，或许远比我们想象的要小得多。古人虽比今人落后，但绝不像某些穿越小说写手所鼓吹的那样一无是处，相反，古人身上许多可贵的品质，到今天这个物欲横流的社会倒显得异常珍惜可贵了。

所以，当作为读者的您，手捧这本《先秦穿越生存手册：一场与过去的对话》或者《唐朝穿越指南》（或者其他朝代的穿越指导手册）时，请对您所将要阅历的时代保持些许的敬畏之心。如果您能耐心地读完它们，您将发现这些指导穿越的手册或指南，其实更应该被确切地称为"穿越狙击宝典"。在您的"穿越情结"被它们无情击碎的同时，您也将一窥属于一个时代的靓丽风景——存在于真实历史中的细节，有时候远比那些虚幻的臆造更加引人入胜。

（四）

挚友小柳托我为她所作的《先秦穿越生存手册：一场与过去的对话》写一篇序，我虽不自量力，也欣然允命。这实在是因为自己对当前包括影视剧、报刊书籍、网络手机等大众媒体传播历史知识的现状和所造成的影响颇不满意，心有所感焉。我与小柳相识经年，当初一帮来自天南地北的人聚在一个圈子里，准备贡献各自所学搞出点正经的历史影视成果出来，真有点意气风发的样子。岂料事情最终没搞成，大家散了后便转成了志同道合的好朋友，互相切磋交流，有时也一起指点挥斥，笑谈历史影视中的低级错误。或许也是有鉴于此，文笔晓畅的小柳写成了此书，使其一向擅长的先秦史功底能有所发挥。

这本书虽是写先秦，但是以战国为主，兼及春秋。这主要还是得益于保存下来的战国时期的材料，远比春秋要丰富，在取舍上更易游刃。除了《史记》《战国策》和《仪礼》《礼记》等诸子百家传世文献以外，还有来自地下出土的战国简牍等第一手资料可资利用。作者将丰富的材料信手拈来，写得深入浅出，生动有趣，我花了两个晚上读完，深觉意犹未尽，故亦力向读者推荐。寄望于对它感兴趣的读者朋友，在读完以后，能再去读一读《左传》等原文，相信一定能有不同的感受！

斯为序。

菜鸟飞飞

甲午年闰九月朔日于武昌

壹

英雄难过语言关

语言作为穿越后遇到的第一头拦路虎，

您需要装备一口标准的雅言才能打倒它。

须知学好「普通话」，走遍天下都不怕。

欲闯天下，先成学霸

上古汉语

穿越是个技术活，其难点不单在于如何回到古代——在各类穿越文中，怀揣着憧憬与幻想的少男少女们往往能够通过车祸、雷劈、溺水等惨烈的方式，穿越到他们梦寐以求的时代。对他们来说，如何在新奇又神秘的古代社会中生存下来，似乎才是摆在眼前的那个异常棘手的问题，尤其是造访先秦这样久远的时代。

人类沟通少不了语言，语言可说是你穿越之后遇到的第一头拦路虎。考虑到古汉语读音和现代汉语读音的差别，小柳可以断言，无论你穿越到哪个诸侯国，无论你操的是字正腔圆的普通话还是麻溜的方言，生活在先秦时代的人们都是不可能听懂的。

也许你心里会犯嘀咕：听不懂还可以写嘛。先秦的文字有很多种书写方法，如刻在龟甲或兽骨上的甲骨文、撰在青铜器上的金文、书刻于简牍上的大篆等。到了战国时期，各诸侯国又在此基础上发展演变出了各种具有本国特色的文字，如赵字、楚字、秦字等，它们的写法也各不相同。如果你是位精通书法的文艺青年，那么恭喜你在这场生存竞赛中拔得头筹，毕竟秦篆、秦隶什么的对于研习书法的同学并不陌生。但你也别乐得太早，问题总是层出不穷的，在一个陌生的时代，保持着那么一点清醒和警觉总是好的。

而普通青年只怕是肠子都悔青喽，这真是"书到用时方恨少"呀！莫急莫急，其实在先秦时代士以下的庶人阶层中，像你这样口吐方言、手不能书之人一抓一大把，并不在少数。

其实，学好一门语言并没有想象中那么难。比方说你想要学说齐国话，学写齐国字，怎么办呢？最好的方法莫过于亲自去高大上的齐国走一遭。孟子为我们讲述了这样一个故事：有一个楚国官员想送自己的宝贝儿子去齐国留学，所以请来了一位齐国师傅在家教导儿子齐国话，只是这熊孩子十分不争气，怎么都学不好。孟老夫子对此总结道：一边，齐国师傅教导他齐国话，另一边，每天都会有人不断地用母语干扰他，即便是每天鞭打他要求他练习齐国话，也不可能令他在短时间内掌握齐国的语言，不如直接将这孩子送去齐国，包学包会！由此可见，培养语言环境对学习语言是多么的重要，所以穿越到先秦你不要担心学不会古汉语，当你身处其境之后，你就自然而然地融入这学习的之氛围中了。

这时，你会不会有种感慨，比如：天哪，原来周游列国、游说诸侯的诸子百家，他们都是超有语言天赋的学霸啊！学霸是可以肯定的，不然怎么传道授业、著书立说呢。至于语言天赋，其实并没有这么夸张，先秦时期也是有通用语的，只是人家不叫"普通话"，而是叫"雅言"，也叫"夏言"。中原的上层贵族们一般都用雅言沟通。在楚国、越国等南部地区，贵族也都会说雅言，虽然日常会用用楚言、越言啥的。比如楚成王的叔叔子元带着楚军伐郑时，见郑国人大门敞开跟他搞"空城计"，他一激动就说楚言了。总的来说，学会了雅言游说诸侯是没什么问题的。

非贵族的底层百姓，通常情况是不会雅言的，但是中原地区的百姓平时说的方言，比如晋国的晋言，和雅言的差别应该不是很大，属于不用翻译也能正常沟通的那种。秦穆公就曾经用雅言和一个只会说晋言的戎王使者由余进行了热切的交谈。如果是楚言或者越言，那么就不得不请翻译了。当时北方人对南部方言的评价，参考孟子的话来说就是"南蛮鴃（jué）舌"。正所谓今人不见古时月，今月曾经照古人。除了明月万古不变之外，北方人对南方方言的评价也没有太大的变化。这个可以理解，听不懂自然是"鸟语"嘛。当然，在先秦时期说"鸟语"的人也不一定都能互相沟通，比如楚国人就听不懂越言。楚王的弟弟鄂君子皙坐船出游，有爱慕他的越人舸公抱着船桨对他唱歌：

滥兮抃草滥，予昌枑泽予昌州，州䥕州州焉乎秦胥胥，缦予乎昭澶秦逾，渗惿随河湖。

越国的舸公当然是不会说雅言的，所以他只能用越言唱啦。无奈鄂君子皙不懂越言，只是觉得越国舸公的声音还不错，也没跑调。对这旋律产生兴趣的鄂君子皙遂问了身边的小翻译，才明白对方唱的是：

今夕何夕兮，搴舟中流。今日何日兮，得与王子同舟。蒙羞被好兮，不訾诟耻。心几烦而不绝兮，得知王子。山有木兮木有枝，心悦君兮君不知。

这不就是《越人歌》①吗？推广通用语果然很重要啊。

至于文字，春秋的时候主体还是统一的，到后来才分化出来楚字、赵字、秦字等等。文字的差别呢，邻近的诸侯国之间不是很大。因为那会儿各诸侯国的文字都是从周代的籀（zhòu）文，也就是大篆继承而来，所以就算隔得比较远的诸侯国，他们平时用的文字差别也不是现代人想象的那么大。至于南部流行的鸟虫书，那个只是艺术字，虽然后期也不只是在南方流行，但先秦正常人是不会用

---

① 《越人歌》出自于西汉刘向的八卦故事集《说苑·卷十一·善说篇》，第十三段录有汉字及其古越语发音。

鸟虫书写信办公的。

　　对了，友情提醒一下，先秦时代没有纸张，所以公文啥的，大部分只能记录在简牍上。《吕氏春秋》载："乱国所生之物，尽荆越之竹，犹不能书也。"这话的意思简而言之，就是四个字——罄竹难书。若你穿越成一个负责书记的小吏，不小心在简牍上把字写错了怎么办？很简单，麻溜地用小刀刮掉。尽管帛和绢也可以作为书写载体，但它们一点都不便宜，所以一般人写信都是用竹简一策策地做成信牍。那会儿的人通常会把写好的信牍用绳捆扎，在绳结处回检木，上封盖有钤印的封泥，以防泄密。穿越时空，可千万不要自作聪明地私拆别人的信牍，除非你有那人的钤印，不然拆开了复原不了啊。

　　关于古汉语的语法呢。这个问题，你可以在穿越前给自己补补课。其实语法嘛，有环境也是学得很快的。再者，先秦人的脑洞比我们想象的要大，他们很会自动脑补。韩非子在自己的书里写过一个八卦故事，说是楚国的郢（yǐng）都有一个人要写信给燕国的相国。信是在晚上写的，当时照明的火炬不够亮，写信的人对拿火炬的侍从说："把烛火举高点。"一边说一边错误地在信上写了"举烛"二字。"举烛"和这封信的本意根本没关系。燕国的宰相收到信十分高兴，但是他看不明白"举烛"到底是啥意思。于是，燕相就自己脑补道："'举烛'就是崇尚明察的意思，提醒君王任用德才兼备的贤人。"宰相向燕王陈述了"举烛"的意思之后，燕王十分高兴，以此来治理国家。从此，词典里又多了一个叫"郢书燕说"的词。

　　总的来说，周游列国的诸子们不需要学很多方言，只要学好雅言就成了，文字也是，学好大篆一种也就成了。穿越到先秦的你再也不用担心自己是个学渣了，有先秦的语言环境，你一定可以学好上古汉语的。

封作寺人？你还是麻溜地闪人吧

穿越到先秦，你一定要注意分清楚什么是日常称呼，什么是职业称呼。

比如你刚刚穿越过去，遇上一个年轻人撞了你。这时，正在气头上的你可能会条件反射地呵道："小子，走路不看路啊！"注意了，"小子"是周朝一个掌祭祀的官职名称，通常由下士担任，可不是用来呵责走路不看路的年轻人的。如果你心气不顺，实在想要骂人的话，你还是保守些骂作"竖子"比较好。如果冲撞你的是一位妹子的话，你可以骂"婢子"。当然，如果人家姑娘本来就是某大夫家的婢女，那么就不要骂"婢子"，因为时人本来就唤婢女为"婢子"，你可以直接骂她是"臧获"，确切地说是"获"。古人骂"奴"曰"臧"，骂"婢"曰"获"。不过，对妹子下粗口，我想你还是没这等趣味吧。

先秦时期的人呢，有一个特点，就是在称谓上多用"子""君""人"等作为后缀。简单地说说"子"，比如"老子"不是爹的意思，是后人对老聃，即李耳的称呼；"内子"等同于"内人"，也就是现在人说的老婆，这个不用说，大家都知道。接下来说说"人"吧。"良人"，是"丈夫"的意思，相信大家也都知道。但是"封人""渔人""宫人"等先秦时代的普通称呼，却与现在的含义有别，它们都是官职名称。

　　"封人"，是掌管修筑王畿、封国、都邑四周疆界上封土堆和树木的一个官职。"渔人"可不是渔夫，而是掌管按照一定季节捕鱼、修筑鱼梁的官员。注意了，"宫人"在西周不是宦官，也不是宫女，而是负责周天子六寝清扫整理之人的官职名称。先秦的宦官叫作"寺人"，他们的身份很是低微。而以上提到的"封人""渔人""宫人"的任职者其身份是中士。周代把卿大夫以下的士，分为上士、中士、下士三等。中士这个身份在贵族中算不得十分显贵，但是相对更多非贵族的平民，自然也不低了。所以你穿越后，千万别把"宫人"当"寺人"。同理，如果周天子安排你做宫人，这个可以有。但他老人家安排你做寺人的话，那你还是麻溜地穿越回来吧。

　　在先秦时期，"大人"是一个敬称，对象一般情况和唐代差不多，都是指父母。书面上也可用"大人"来指代王公贵族，但这样用的情况不是很多。另外，周代占梦的巫官也称"大人"。先秦时期，一般敬称父母为"严亲""严君"，或者"亲父""亲母"。姐姐、妹妹一般叫"女兄""女弟"。祖父和祖母则唤为"大父""大母"。曾祖父和曾祖母就是在"大父""大母"的基础上加上"曾"，即"曾大父"和"曾大母"。至于"阿爹"这个称呼最早见于汉代戴良的《失父零丁》，先秦时期则不好说。

　　先秦时期的人和唐代人一样都管婆婆、公公叫"姑舅"，不一样的是先秦人会在"姑"和"舅"的前面加上"君"，即"君姑"和"君舅"。"君"这个词在先秦时期，尤其是战国，用途非常广。"氏+君"表达的是一种敬称，比如张君（先秦时期男子称氏，女子用姓）、吴君、陈君等等。"君+侯"，即"君侯"，这个是针对列侯的敬称。日常生活中，直接用"君"来称呼对方也是可以的，它相当于现代汉语中的"您"。

提到"君"，再简单地说一下吧。先秦时期人们一般管别国的国君为"寡君"，管自己的国君为"君上"或者"主君"，在楚国则可直接称楚王为"大王"。战国时期，国君从公、侯升级为王了，"大王"这个称呼也就流行了起来。至于国君的夫人，也有自家和别国之分，一般管自己的国君夫人叫"君夫人"，管别国的国君夫人为"寡小君"。国君的自称，可以用"寡人""不谷""孤""朕"等等。国君夫人呢，自称一般用"小童"，谦虚些用"妾"也是可以的。

至于国君的子女，一般管国君之子为"公子"，国君之女为"女公子"，当然直接称"公主"也是可行的。需要注意的是，春秋时期的"公子"和"女公子"都有特指性，即国君的儿子或女儿。到战国时期，"公子"一般情况还是特指国君的儿子，但是也可以用作日常的敬称。用于敬称的情况，非常的少，只有《韩非子》中有一则。

春秋战国时期虽说礼崩乐坏，但还是比较注重社会等级的。普天之下莫非王土，率土之滨莫非王臣。诸侯国的国君们再怎么牛气，那也还是周天子之臣。诸侯在天子面前，须谦虚地自称为"臣"，诸侯之臣对周天子则自称"陪臣"。春秋五霸之一的齐桓公派管仲去拜见周天子，周天子很重视他，打算用上卿的礼仪去招待他，管仲却谢绝了。管仲那会儿对周天子的自称就是"陪臣"。此外，"陪臣"这个词也可以指代"家臣"。那会儿，世卿大夫家的家臣很多，家臣中的长者也被称为"家老"。

而一般人家中的长子，除叫"长子""长男"以外，还可以叫"家督"。根据西汉太史公的小道消息，著名的越国大夫，化名陶朱公的奸商范蠡有三个儿子。不过倒霉的是，他的二儿子在楚国犯了罪。范蠡原打算让小儿子去楚国花钱打理打理关系，争取把二儿子从牢里放出来。结果他的大儿子就抗议道："亲父啊，大家都管长子叫家督，现在二弟出了这么大的事情，你不派我去楚国打理关系，反而派三弟去。看来是我太无能了。"①经过大儿子的反复抗议，最后范蠡还是派大儿子去了。但是呢，他的大儿子吝啬钱财，最后也没能成功把老二救出来，反而扶丧而归。

先秦时期的称呼比起三姑六婆的称呼那可复杂多了，记不住怎么办？这个嘛自然是去了之后再烦恼啦。

---

① 《史记·越王勾践世家》："长男曰：'家有长子曰家督，今弟有罪，大人不遣，乃遣少弟，是吾不肖。'"

姓、氏、字、名，这是闹哪样？

氏与姓

从春秋到战国，时代转化的大标志就是三家分晋。公元前376年，韩、赵、魏联合起来废晋静公，将晋国公室剩余土地全部瓜分。因此韩、赵、魏三家成了独立的诸侯国，这三国又被合称为"三晋"。反过来问你："何为三晋？"你多半会回答："这个问题很简单，刚才不说过了嘛，姓韩、姓赵、姓魏的三家人建立的诸侯国合称'三晋'。"

你的回答，只对了一半，三晋确实是由韩、赵、魏这三个诸侯国组成的，但是三个诸侯国的国君可不姓韩、赵、魏。这韩、赵、魏是氏，而非姓。先秦时期，男子称氏，女子才称姓。氏与姓是两个完全不同的概念。那会儿人们的观念是以国为氏，而非以国为姓。[①]魏国和韩国的国君，其实都姓姬。赵国国君和秦国的国君一样都姓嬴。很多电视剧里，喜欢管秦始皇叫嬴政，管齐桓公叫姜小白，这是不对的。在先秦时期，一般人不会称呼男子的姓，因为这样做很不礼貌。齐桓公的氏是吕，如果你一定要直呼其名的话，应该叫他吕小白或者齐小白[②]才对。

[①]《左传》："无骇卒。羽父请谥与族。公问族于众仲。众仲对曰：'天子建德，因生以赐姓，胙之土而命之氏。诸侯以字为谥，因以为族。官有世功，则有官族，邑亦如之。'公命以字为展氏。"
[②]《公羊传·庄公》："齐小白入于齐。曷为以国氏？当国也。"

　　至于秦始皇的氏就比较有意思了，因为有两种说法。一种说法认为秦国氏赵。这一种观点来自司马迁的《史记》，持有此观点的人认为秦国公室因造父封赵城，所以他们的氏也该是赵，而且在《史记》中可以看到"秦王赵政"[①]这样的字眼。另一种观点认为，秦国国君应该氏秦，而非氏赵，因为秦国国君的先人很早就从赵氏分离了出来，他们应该早就以国为氏了才对。[②]况且《汉书·贾邹枚路传》载："秦政力并万国，富有天下，破六国以为郡县，筑长城以为关塞。"这里亦称始皇政为秦政。太史公著《史记》，载史为册，利在千秋，然漏洞之处，亦需读者自解，不然自相攻伐，如始皇政氏赵氏秦一说，徒留许多争议矣。《国语·郑语》云："夏禹能单平水土，以品处庶类者也。商契能和合五教，以保于百姓者也。周弃能播殖百谷蔬，以衣食民人者也。"可见国君以国为氏，因此小柳亦倾向于始皇政氏秦。顾炎武亦在《原姓》中讲道："最贵者国君，国君无氏，不称氏称国……次则公子，公子无氏，不称氏称公子……最下者庶人，庶人无氏，不称氏称名……"

　　另外，春秋时期以国为氏或者说以封邑为氏的现象很多。比如三家分晋前，被三家联合坑掉的智氏就出自荀氏，而晋国这支荀氏又出自原氏。事情是这样的，最早呢，晋武公灭荀国后，把此地赐给大夫原黯，原黯也由此被人称为荀叔，而他的子孙就以封邑的"荀"为氏了。到晋文公时期，这支荀氏的大宗长荀逝敖死后，

---

① 《史记·秦本纪》："缪王以赵城封造父，造父族由此为赵氏。"又《史记·楚世家》曰："秦庄襄王卒，秦王赵政立。"

② 《史记·秦本纪》："于是孝王曰：'昔伯翳为舜主畜，畜多息，故有土，赐姓嬴。今其后世亦为朕息马，朕其分土为附庸。'邑之秦，使复续嬴氏祀，号曰秦嬴。亦不废申侯之女子为骆适者，以和西戎。秦嬴生秦侯。秦侯立十年，卒。生公伯。公伯立三年，卒。生秦仲。秦仲立三年，周厉王无道，诸侯或叛之。西戎反王室，灭犬丘大骆之族。周宣王即位，乃以秦仲为大夫，诛西戎。西戎杀秦仲。秦仲立二十三年，死于戎。有子五人，其长者曰庄公。周宣王乃召庄公昆弟五人，与兵七千人，使伐西戎，破之。于是复予秦仲后，及其先大骆地犬丘并有之，为西垂大夫。"此即秦国国君氏秦的历史渊源了。周孝王时赐非子土地，邑之秦。而其后嗣在西周任大夫时，即氏秦。由此推测非子这一支已从赵氏独立出来了。

他的两个儿子荀林父与荀首的采邑改封为"中行"和"智",所以这支荀氏又衍生出中行氏和智氏。而被三晋联合坑掉的智伯瑶,在《左传》中也时不时被称为"荀瑶"。虽然智伯瑶,也就是智瑶,有时被称为荀瑶,但这不代表荀氏就等于智氏。智伯瑶只是智氏的家主,并非荀氏。同理,就算《史记》写了一笔赵政也不代表秦国国君就氏赵,从被封于秦开始,秦国国君的氏就应该是秦,而非赵。而且也就是司马迁记了一笔赵政,在《左传》和《国语》中却记载了秦国王室氏秦的证据:春秋时,秦景公同母弟弟公子针跑到了晋国,大家都管他叫秦后子,并没有叫他赵后子。

《国语·周语》云:"姓者,生也,以此为祖,令之相生,虽不及百世,而此姓不改。族者,属也,享其子孙共相连属,其旁支别属,则各自为氏。"姓和氏的起源不一样,可以说氏是依托姓而生的。先秦人一般至死都不改姓,但活着的时候可以改氏。

氏的来源五花八门,贵族除了以国为氏、以封邑为氏,也可以用先人的谥号来作为自己的氏,比如楚国三大家族中的景氏和昭氏,就源自于他们先人的谥号。景氏源自楚景平王,即楚平王,昭氏则源自楚昭王。除了以谥号为氏,还可以官职为氏,比如司马氏、上官氏、司徒氏等。贵族的话,还可以被赐氏或赐姓。《通志·氏族略》上说:"贵者有氏,贱者有名无氏。"氏和姓不一样,古人再磕碜呢,姓还是有的。因为姓是用来划分血缘,区别婚姻的。但是氏呢,最早是用来区别贵贱的,所以一般人不见得都有氏。进入春秋后,氏也变得很亲民了,并不是只贵族才用,一般人也用氏,因此氏的来源就变得更多了。除了以封邑为氏、先君的谥号为氏、官职为氏外,还可以用先人的名或者字为氏,甚至可以用职业为氏。

楚昭王时有个爱国的商人名叫屠羊说,他为什么叫屠羊说呢?那是因为他开了一家卖羊肉的店铺，并且在店里干着屠羊的活，于是大家都叫他屠羊说，"屠羊"就这样成了他的氏。所以你穿越到先秦，一定要慎重地选择你的职业，因为这很可能会成为你的氏。如果你不幸穿越到先秦，生活在一家屠狗的店里，干着屠狗的买卖，那么你很可能被人叫成屠狗什么的。另外，不要认为和羊有关的氏都和他的职业有关系。晋国的世卿中有一支叫羊舌氏，注意啦，羊舌是封邑的地名，羊舌氏是以封邑为氏。

说起来先秦时期复姓很多，不对，应该说是复氏很多。因为两个字的地名和两个字的官职实在太多了。所以到战国后期姓和氏开始渐渐混淆的时候，一些复氏也开始转化成单字的氏或者单字的姓。比如柳下惠的柳下氏就渐渐转化为了柳氏。对了，柳下惠本身氏展，名获，字子禽，惠是他的谥号，因为他的封邑在柳下，所以大家才叫他柳下惠。

讲完氏，那再来说说姓吧。由于自西周以来，婚姻制度规定同姓不婚[①]，所以由母系氏族社会衍生而来的姓比起氏来相对更为重要。若同姓男女想要通婚，却受阻于同姓不婚这条规矩，也不是没有取巧之法，虽然男子汉大丈夫不能改姓，但女子却是可以变通的。春秋时期，鲁昭公就娶了吴国国君的女儿为妻。吴国虽然地处百越之地，但他们国君可是周天子的亲戚，和鲁国一样都是姬姓。为了让这场婚姻变得合乎礼法，鲁国人想了一个办法——改称吴姬为"吴孟子"。就这样她和鲁昭公顺利结婚了。这种做法虽是掩耳盗铃之举，但时人还能够勉强接受。所以如果你穿越后，喜欢上一个和你一个姓的妹子，也还是有机会在一起的，只要让人家姑娘改姓就可以了。如果你是妹子，那么改姓的事儿就由你来完成吧。

---

① 《国语·晋语四》载："同姓不婚，惧不殖也。"

春秋时期，对妹子的习惯性称呼一般是：地名／谥号／排行＋姓。

地名＋姓这种称呼，如褒姒、徐嬴、秦嬴等皆是。这些妹子的称呼中所含地名，可以是这姑娘的故国，也可以是她嫁去的国家，甚至可以是她前夫所在的国家，比如息妫，这个称呼中的"息"就是她前夫的属国。

谥号＋姓，如宣姜、贞姜等。这里顺便说一下，古人讲究妻从夫谥，但是如果妻子不幸死在丈夫前面，自然不可能妻从夫谥。楚昭王的贞姜，就是因为她死在了楚昭王的前面，所以她的谥号不是昭。之所以给她用贞这个谥号，也是大有故事的。贞姜乃齐景公的女儿，嫁与楚昭王为夫人。某日，楚昭王到外面游玩，留贞姜在渐台上，并且和贞姜约定：如果我让人来接你，必定会让那人带信符来。结果遇上发大水，江中的渐台眼看就要沉没。楚昭王立刻差人去迎接贞姜，可是办事的人忘记了拿信符，于是贞姜不肯出去。昭王派来的人劝不动贞姜，只好回去拿信符来，结果贞姜没等到那人回来就被水淹死了。她死前说："我知道留在这里只有死路一条，但是人不可以无信，我和君上有约定，必须有信符为凭才能出去，我不能违背了约定。"贞姜溺死后，楚昭王非常难过，为了嘉奖她这种用生命去守信的精神，便给了她"贞"这个谥号。

排行＋姓，这个情况就很普遍了，比如孟姜、伯姬、仲子、叔妫、季芈（mǐ）等等。虽然春秋时期人们一般不称呼女子的名，但并不是说女子无名。举个例子，楚昭王的妹妹就叫季芈畀（bì）我，其中季是排行，芈是姓，畀我是名。进入战国时期后，女子称名或小字的情况就比较多了。

氏和姓彻底混在一起，那还是汉代的事情。所以穿越到先秦你一定要能区分清楚姓和氏，不然会闹出来很多误会。如果你用姓称呼一个男子，他一定不怎么待见你，遇到脾气不好的，还会直接揍你一顿，因为这很失礼。

　　说完了姓氏，接着说说名字吧。名字同姓氏一样，也是两个不同的东西，名是名，字是字。一般情况，名和字之间有关联性，你可以观其名来测其字，或者观其字来测其名。比如楚国的大夫成嘉，他的字是"子孔"。《尔雅·释诂》上说："嘉，美也。"而孔呢，《玉篇》云："孔，嘉也。"名和字除了可以用意思相近的词以外，还可以用意思相反的词，比如郑国的大夫公孙黑，他的字是"子晳"。

　　也有名和字之间毫无关联性的情况，比如楚成王的令尹斗子文，"子文"是他的字，不是他的名，他的名叫谷於菟（tù）。为什么他的名叫谷於菟这么奇特呢？这就要从他的出身说起。斗子文他爹斗伯比当年和郧（yún）国国君之女私通，然后那妹子生下了斗子文。妹子嫌弃拖油瓶太累赘就把斗子文弃在了云梦泽，本想让这孩子自生自灭算了，但出乎意料的是一只母老虎收养了这个孩子，给他喂奶。某日，郧国国君去云梦泽打猎，看到这种景象，震撼极了，赶紧回去跟夫人说这个奇事。然后郧国的君夫人便把事情原原本本地告诉了郧国国君。出于对孩子的同情，郧国国君最终决定把不争气的女儿嫁给斗伯比，并去云梦泽把孩子接了回来。因为母老虎给这个孩子喂过奶，所以郧国国君就给外孙起了谷於菟这个名字。因为楚地方言中把"谷"念为"乳"，於菟则有"老虎"之意。

　　可以说谷於菟这名是一个特例，但三个字的名并不是只有谷於菟。吴国的国君中就有一位名叫"强鸠夷"，而他的儿子名为"余桥疑吾"。多字的名，先秦不是没有，但是很少。主流还是单字名和双字名，字也是一样。

　　注意啦，在先秦你可以看见很多如介之推、烛之武、宫之奇等带有"之"的名，其实这里的"之"是虚词，加上只是为了读起来顺口而已。把"之"去掉，他们的名也是成立的。

　　怎么样，先秦的姓、氏、字、名把你绕晕了吗？

贰

先秦时代应知应会

黑户万万做不得！因为没有户口就意味着你一无所有。『一无所有』不仅仅是没有房子、没有存款这么简单，而是连人身自由都没有！

黑户万万做不得

户籍制度

　　先秦时代，尤其是春秋战国时期，诸侯国之间的人口流动量相当大。毕竟水往低处流，人往高处走，若能一展本事，计功行赏，前往他国又有何妨？

　　春秋早期的晋国是中原地区的第一诸侯大国，也是楚国雄霸天下的主要对手，是不少楚国人向往的国度，甚至因为楚人去得多了，成语字典里专门出现了一个词，叫"楚才晋用"。到了战国时期，"楚才晋用"又演变成了"楚才秦用"，秦国因成功的变法运动而华丽转身，成了很多楚国人趋之若鹜的地方。

　　相比起因变法失败而保持着陈旧制度的楚国，变法成功的秦国绝对称得上是一个魅力无限的国度。大把生活在基层的楚国人因向往秦国的生活，踏上了背井离乡前往秦都咸阳的道路。促使这些楚人辗转异乡的动力并非是因为基本的生存。平心而论，生活在两千多年前的楚国哪怕你是一个不怎么爱劳作的平民懒汉都没什么饥馑之患。那会儿的楚国是典型的地广人稀，拥有几乎整个南部中国的楚国，人口却远远没有三晋多。生活在楚国，就算遇上饥荒也不容易被饿死，因为这里物产丰富，动植物众多。遇上饥荒，你不会打猎的话，啃树皮绝对没人和你抢。正所谓"仓廪实而知礼节"，类似上蔡小吏李斯这样的楚人，他在楚国基本没有什么生存上的压力。李斯奔去秦国的目的也不在于生存，而在于谋求功名富贵。

因为在楚国，令尹、柱国这样的要职基本上都是由楚王的亲戚来担任，所以不是贵族的李斯干一辈子也只能是上蔡小吏。而商鞅变法之后推行军功爵制的秦国就连最底层的奴隶都有改变自己命运的机会，只要你有足够的军功就可以改变当下尊卑。秦国最大的魅力在于"不拘一格降人才"的体制。

咸阳道，其实是一条功名路，但功名路绝对不是那么好走的。假如你怀揣雄心壮志，决意要到秦国见证天下一统，一展现代的所知所学，却不小心定错坐标，穿越到了楚国。这时，你只得长途跋涉，踏上去秦国的道路。只不过来自二十一世纪的你，可能对这两千多年前的社会状况知之甚少，不知道出入关境是需要凭证的。于是，没有出关凭证又想去秦国的你只好跟要去西天取经又没有通关文牒的玄奘法师一样偷渡啦。当你披荆斩棘，几经坎坷好不容易到达秦国后，你不得不面对一个更棘手的问题——户口！

先秦时代的黑户是万万做不得的，尤其在秦国，因为军功爵制、名田制都和户口密不可分。没有户口就意味着你一无所有。而且这个"一无所有"是十分彻底的"一无所有"，不仅仅没有房子没有存款，就连你的人身自由都没有保障。没有户口，你多半会被人当成脱籍亡户者。当然，从楚国偷渡到秦国的你本身就是一个没有户口的黑户。

脱籍亡户在先秦是一件十分严肃的事情，被逮住的话，处罚是逃不了的。但是作为穿越客的你一定是人见人爱，花见花开。按着一般穿越小说的编排，这时你多半会遇上一家好心人收留你。然而，现实是你确实可能会遇上一家好心人愿意偷偷收留你，但代价是你得在他家当一辈子的苦力！要知道奴隶主也好，地主也罢，他们的家里一样都是没有余粮的，何况收留你的那个好心人可是冒着隐蔽亡人的大罪哦。你怎么好意思在他那儿白吃白住呢！

这时，你或许会想：不对啊，按着一般穿越故事的发展，应该是穿越客被好心人收留后，用自己掌握的二十一世纪的知识来报答好心人，顺便扬扬自己的名气，之后便有达官贵人三顾茅庐来请穿越客做他的门客或者直接把他推荐给君上。理想和现实是有差距的，正常秦国人要是在自家窝藏了一个脱籍亡户者，他绝对不会到处宣扬，闹得众人皆知。因为一旦邻居知道了并揭发他的话，他会因为隐蔽你而给自己带来不必要的官司。其实正常的秦国人压根儿就不会知法犯法，毫无好处地来帮你隐蔽。你这样的脱籍亡户人士要求不能太高，有人收留就不错了。如果你实在不能承受奴役之苦，那么你可以计划第二次逃亡。这次逃亡干脆就直奔官府自首去吧，因为商鞅变法后，秦国的法治建设还是蛮系统的。在秦国，身高不到成年标准的人，一些罪名可以酌情减免，自首者也可以酌情减刑。自首的好处是不仅可以争取到宽大处理，你还能顺便举报一下那个知法犯法的"好心人"，这也算是"戴罪立功"吧。没有被遣送的话，你说不定刑满以后就可以加入秦国国籍了。虽然你登记的户口是类似刑徒之类的贱籍，但也算是在秦国定居了呀。

说起来，先秦时代的户口可以笼统地分为两大类：一是普通的平民户籍，二是特殊户籍。特殊户籍也可以笼统地分为两类：一是特权阶级的户籍，这其中包括宗室籍、宦籍等等；二是底层的贱籍，这个包括赘婿之籍、刑徒之籍等等。一般来说，你要是通过正常合法手续去申请普通户籍，应该也是不难的。

接下来介绍几条里耶秦简里一般秦人登记入户时必填的内容①。

---

① 资料均来自湖南省文物考古所编撰的《里耶发掘报告》，岳麓书社 2007 年出版。

里耶秦简 K27

第一栏（户人）：南阳户人荆不更变强

第二栏（妻子）：妻曰嗛

第三栏（儿子）：子小上造□

第四栏（女儿）：子小女子驼

第五栏（备注栏）：臣曰聚　　伍长

秦国的户口登记少不了户主的名、籍贯、爵位和户主的家庭成员。第五栏的内容和我们今天档案备注类似，一般著录的是"臣"之名啥的，以及其是否担任伍长。

里耶秦简 K17

第一栏（户人、儿子）：南阳户人荆不更黄□　　子不更昌

第二栏（妻子）：妻曰不实

第三栏（儿子）：子小上造悍　　子小上造

第四栏（女儿）：子小女子规　　子小女子移

若是父子爵位相同，他们的名字会出现在同一栏中。

里耶秦简 K2/K3	第一栏（户人、弟弟）：南阳户人荆不更宋午	第二栏（弟媳）：熊妻日□□　弟不更熊 / 卫妻日□□　弟不更卫	第三栏（儿子、侄子）：子小上造传 / 子小上造逐	第四栏（侄女）：卫子小女子 / 熊子小上造□	第五栏（备注栏）：臣曰木嵩	一般来说，秦人成丁后，会从家里分出去独立开户，但也有特殊情况。这一例中，不仅成年的儿子没有分户出去，就连兄弟也记在一个户口本里。

从里耶秦简 K2/K3 中，我们不难发现：宋午家少了一个人，那就是宋午的老婆。《里耶发掘报告》称：宋午的老婆之所以没有被著录，是因为她已经销户了。销户的原因在秦国无外乎死亡或者离婚。《商君书·境内》篇云："四境之内，丈夫女子皆有名于上，生者著，死者削。"但凡是秦人，从出生到死亡都必须得去官府作登记。秦人同样可以申请变更户籍，但是一定要去官府登记。擅自改动户籍却没有到官府报备登记是要罚两副甲的。另外，类似你这样的楚国裔第一代移民，在秦国也被人称为"新民"或"臣邦人"。

在秦国，"臣邦人"和"故秦人"的待遇说是差不多吧，也没错，但是在分工上"臣邦人"和"故秦人"还是有很大不同的，用《商君书·徕民》的原话来说，就是"令故秦民事兵，新民给刍食"。当兵是"故秦人"的差事，"臣邦人"

在商鞅变法之初，他们的工作只是负责供应粮草等军备。

假如你是本着在马背上建功立业，缔造战神传说才魂穿到楚国的，却发现自己粗心地选错了穿越对象，没穿成楚国贵族，却成了一个楚国农民。届时你一定很无奈，因为在楚国，不是贵族的你与军功基本没什么缘分。但你很快就找准了新方向，比如说，去秦国！商鞅变法后，秦人不是可以通过军功爵制改变命运吗？所以去秦国，保准没错。可到秦国申报完户口，你很快就能体会到另一种无奈了，因为非秦国本土出生的你不是"故秦人"，在秦国也只能从农，而非从戎。秦国征兵轮不到作为"新民"的你啊！不得不说，穿越和投胎都是技术活。一步错步步错，想要力挽狂澜，只能回炉重造了。想开些的话，作为一个在秦国从农的"新民"，你还是有很多福利待遇的。按着《商君书·徕民》的说法，首先从你开始算，三代人都可以不用服徭役、纳赋税，其次你还可以得到一小块田地。

"臣邦人"第二代也分为"真臣邦"与"夏子"两类。所谓"夏子"，即父亲是"臣邦人"，母亲是"故秦人"，说白了就是混血儿；而"真臣邦"，则是指父母都是"臣邦人"。凡事有利有弊，在秦国如果你是一个"真臣邦"中的君公，你犯了应判处耐刑①以上的罪是可以拿钱来赎的；反之，"夏子"就没这么走运啦。因为商鞅变法之后，就是秦国的贵族在国法面前也没有太多特权，起码跟楚国比，秦国贵族的日子真心没那么好过。商鞅变法时规定："宗室非有军功论，不得为属籍。"没有军功，连宗室籍都上不了啊。而在楚国，贵族一出生就拥有特权籍，有没有军功都是一样的。事实上，在楚国如果你不是贵族出身，就算你立有军功

---

①强制剃除鬓毛、胡须而保留头发，是一种较轻的罪名。

也成不了贵族,起码不会成为屈、景、昭这样的大贵族。虽然满腹才华的屈原被人排挤后不得楚王重用是件挺让人叹惋的事,但是屈原本人的境遇不知道比李斯这样的非贵族楚国小吏好上多少倍,因为屈原为官的起点就是大夫级别。尽管屈原最后不幸遭遇了被同僚排挤、被放逐的不公待遇,但他仍是如李斯这样的楚人羡慕的对象。因为就算李斯再怎么有才华,他在楚国干一辈子也只是上蔡小吏,了不得跟他的老师荀子一样当一个县令,估计一生都见不到楚王,也混不进楚国上层的贵族圈。

荀子的人生很传奇,来楚国前他在齐国的稷下学宫担任祭酒,而祭酒这个职位相当于大夫。千万别小看这个职位,因为任职的人可以时不时见到齐王。荀子在游历秦国的时候,可是应侯范雎的座上宾,还参见过秦昭王。荀子在他老家赵国,那也是被赵王拜为过上卿的。某种程度上来说,荀子最后落脚的楚国是他混得最不尽如人意的地方。因为在楚国,荀子只是一个为人师表的县令。楚王没有接见亦没有重用荀子这样的大贤,又怎么会重用李斯这样的小吏呢?秦国之所以可以一扫六合,统一天下,不仅仅因为商鞅变法带来军功爵制,更多的是因为秦国有海纳百川的王者风范;六国的士人乐意来秦效力,同样只是因为军功爵制,而是因为秦国能够真正做到任人唯贤。

秦并天下之后,天下人尽为秦人,如"新民""臣邦人"这样的称呼也逐渐退出了历史舞台。为了让六国的故民适应秦法,当好一个秦朝人,秦朝还在各个地方安排了类似"支书"这样的官员来普及秦法。总的来说,秦法挺严己律人的,也比较系统。比如,秦法规定:身高不到成年标准之人,某些罪名可以酌情减免;自首者亦可酌情减刑;数罪俱发,各刑相加;对教唆犯、共犯、累犯加重处刑;诬告反坐;在审理过程中也会区分故意犯罪和过失犯罪。故意犯罪叫作"端",

过失犯罪叫作"不端"。

如果能直接穿越成一个"故秦人",从各方面来说都比较有保障。只是注意一点,在秦国呢,帮助"故秦人"脱籍亡户是要被处罚的,处罚是上造以上的爵罚为鬼薪,公士以下的爵罚为城旦。上造和公士为秦二十爵的第一等和第二等。鬼薪的处罚比较轻,只是从事官府杂事、手工劳动以及体力活,但城旦就不一样了,得罚四年兵役,夜里筑长城,白天站岗。这简直是罚死人的节奏,有爵位在身尚且如此严厉,只一般百姓恐怕罚得更惨、更重。

总之,且行且珍惜吧!对了,在秦国能登记到弟子籍是可以免役的。所以你要是打算直接魂穿到秦国呢,最好留意一下。

钱不仅仅是孔方兄

三晋地区以及相邻的卫国，那里的人十分尚利、好利，出外经商任士的人很多。靠做生意起家而后步入政坛的人，最出名的莫过于阳翟来的大商人吕不韦。他到赵国邯郸去做生意的时候，遇上秦昭王庶出的孙子——在赵国当人质的子楚，然后"奇货可居"这个成语就诞生了。吕不韦把这位落魄的王孙，看成了手中未上市的新股，打算用自己的财富来帮这位王孙造势，通过光大子楚的门庭来光大自己的门庭。换言之，就是他打算把子楚包装上市，帮他成为秦国太子的嫡嗣。在吕不韦的成功运作下，子楚顺利地成了太子的嫡嗣，日后又当上了秦王。吕不韦也跟着彻底光大了自己的门庭。

这三晋区域的成功商人除了吕不韦之外，还有很多。这里的人好做买卖也是民俗之一啊。遥想当年还没有成为著名合纵家的苏秦，游说列国不成功，灰溜溜地回到家里，他的嫂子就数落他说："我们这里的习俗就是置办产业，大力发展手工业和商业，以追求 20% 的利润为目的。你不仅游说列国不成功，一毛钱没赚回来，还让家里倒贴了这么多路费！"之后，苏秦发奋图强，头悬梁锥刺股，每天努力学习，后来他不仅赚回了损失的钱，还扬名天下了。在三晋区域，你不妨也励志一把，尝试一下商人的生活。只是要做一个两千多年前的商人，你一定要搞清那会儿的货币和换算比率，这可是非常让人头疼的问题。

二十一世纪的你一定以为古人使用的货币除了金银，就是圆形方孔钱。那是因为公元前221年，秦始皇统一中国后，也统一了币制，从此流通的货币一直都是孔方兄，只有个别例外——西汉末年王莽曾让人铸造了一种圆形的刀币，造型有些像现代人用的钥匙。王莽新朝时期，这种孔方兄的替代品也被人称为"金错刀"。东汉张衡那首《四愁诗》里说："美人赠我金错刀，何以报之英琼瑶。"这里的"金错刀"，不是兵刃，而是钱啊。

钱重不重要，这个问题见仁见智，但没有钱是万万不行的。穿越到先秦后，你可能会遇上很多赠你"金错刀"的人。因为在齐国、燕国和赵国，刀币可以说是最主要的货币，但三国之间的刀币也不完全一样。

先说说齐国的刀币。齐国的刀币通高约17厘米，重40~50克，和其他诸侯国的刀币相比，齐国人的刀币形体最大，所以他们的刀币也被称为"齐大刀"。不过，齐大刀未必个个头都大，也有体形较小的。刀身正面铸有"齐法化""齐之法化""安阳之法化""节墨之法化""齐徐邦长法化"这样的文字。其中"法化"是标准货币的意思，有人把它理解为"大刀"的代名词，而"节墨""安阳""齐"等均为地名。齐国刀币背面上部一般有三道横线，线下铸有一字或两字，常见者为"上""工""甘""大""安邦"等，有人猜测这是铸工所做的记号。

相比"齐大刀"，燕国的刀币含铜量就要低一些，体形也比齐国的刀币小一点。燕国刀币的特点是：他们喜欢在刀币上多铸一个"明"字，所以燕国的刀币也被称为"明刀"。注意啦，带"明"的刀币，齐国也有铸造，不过因为齐国和燕国的关系一度很紧张，所以齐国人用明刀的时间很短。

赵国的刀币，因为刀身比较平直，所以它的外号是"直刀"。此外，赵国由于和燕齐接壤，为了商业交往的需要，赵国当时也铸过明刀。

另外，赵国除了流行刀币以外，还很流行布币，尤其是在三晋地区。因为早期布币形状像铲，所以人们也称之为"铲币"。

南边的楚国呢，流行蚁鼻钱。这种钱币仿造贝的形态制作，体形比较小。大的蚁鼻钱长约1.8厘米，重4克左右；小的蚁鼻钱长不足1厘米，重1～2克。之所以叫它"蚁鼻钱"，是因为这种钱的钱面上阴文多为"紊"字，而这个字的造型，看上去就像一只蚂蚁歇于鼻尖，所以大家就称它"蚁鼻钱"。

除了刀币、布币和蚁鼻钱，对后世影响最深的，当然是秦国的孔方兄啦。春秋战国时期，圆钱流行甚广，除了秦国外，其他诸侯国在战国后期也有铸造，只不过最有名的是"秦半两"。说到秦半两，它可是很重的。按着《史记·平准书·索隐》引《古今注》："秦钱半两，径一寸二分，重十二铢。"发掘出的秦半两，直径一般为3.2～3.4厘米，重8克左右。

除了铜钱以外，金子也是常见的货币。老实说，大量采购的时候，背着几十斤重的铜钱，真的很累人，所以铜钱也是折算金子的。春秋战国时期，货币的兑换是一件特别令人纠结的事情，因为每个诸侯国的货币形制都有很多种，含铜量也不一样。相比铜钱，金子则是实打实的硬通货。春秋时期，楚国是唯一铸行金币的诸侯国。楚国的金铸币有两种：一是金版，二是金饼。金版的样子，就是一个不规则的方形或圆形扁平金块，上有印模打出的文字和框格，最常见的文字是"郢爰"，它的含金量大多在96%以上。楚国的金版和金饼在当时算是极佳的硬通货了，比现在的美金还要实在呢，那可是金子啊。

楚人发行的这种金币，单位一般为"镒"或者"斤"。根据出土的楚国金饼计算，一镒等于250～251克。在没有统一度量衡之前，每个诸侯国的衡器是不一样的，虽然单位名称没有大的区别，但是它们的实际重量却不一样。比如赵国的一斤等于 224 ~ 250 克；魏国与韩国的一镒等于 315 克，一斤等于 250 克；秦国的一斤（镒）等于 253 克。不得不说，秦的大一统，给先民的生活带来了很多便利啊。

穿越到先秦，在货币问题上，你一定要留神。至于说一金可以兑换多少铜钱，这个一直有很多争议。关键看你拿着什么钱，如果是秦半两，秦国人说一金，其实就是一镒，具体的汇率呢，一说是 1 : 6250，也就是 6250 枚秦半两可换得一金。不过这只是一个推测，也有其他说法，比如 1 : 5000。

反正穿越之前，如果你的数学不是很好，可以考虑带上计算器，总有用得上的时候。汇率啥的，简直神烦，而且除了折算各国的黄金和铜钱外，还得折算黄金、铜钱和粮食的比率，因为粮食也是一种结算方式。一般情况下，人们的收入便可按着多少石的粮食来进行结算。但是每个诸侯国的衡器不一样，所以一石等于多少斤，这个也是说法纷纭。你穿越后，估计就能确切地知道真相了。不过就算你知道真相了，我还是觉得作为一个商人，你在先秦赔得血本无归的可能性要比发家致富的可能性大得多。

最后，再提点一下，先秦每个诸侯国的赋税情况都不一样，但做生意肯定是要交税的，比如关市税（也叫关市之赋、市租）就是针对商人征收的。

子曾经曰过：危邦不入

　　相信不少汉子喜欢铁与血的历史，这也正是他们渴望穿越到先秦的一个重要原因。先秦时代虽然被后人称为"青铜时代"，但你要是乐意，把那个时代理解成"铁与血"或者"铜与血"的时代也是可以的。反正，这就是一个冷兵器的时代，一个混乱的相互攻伐的时代。

　　战火烧得最频繁、最旺盛的自是三晋地区，这里简直就是先秦时代的"火药桶"集中地。三晋地区乃是中原腹地，因其特殊的地理位置及重要的历史地位，一直都是各方诸侯逐鹿之地。发生在这里的战事实在太多，可以说三晋地区基本上没有地方是没打过仗的，就连他们的都城也没能逃过战火的洗劫，尤其是赵国的国都邯郸，更是曾被秦人围攻了两年。

　　春秋早期的晋国原是中原地区第一大诸侯国，也是楚国称雄天下的主要对手。楚国人老是发动北伐战争，一来是想和晋国争夺天下霸主之名，二来是为了打回"河南老家"去。这里的"河南老家"特指"祝融之虚"。楚人认为自己是祝融的后裔，"祝融之虚"对他们有特殊的意义。这个所谓的"祝融之虚"也就是后来韩国的国都新郑。

　　战国时期，赵、魏、韩三家联合起来瓜分了晋国，晋国没有了，赵、韩、魏三国取而代之。这三个诸侯国虽然继承了晋国的遗产，但其国力水平不可与昔日的晋国同日而语。春秋时期天下霸主非晋必楚的格局在战国时期悄然发生变化。按着苏秦和张仪这两个来自中原地区的纵横家的话来说："天下之势非秦必楚！"秦国自然也没少打三晋。

从春秋到战国，三晋地区战事繁多，最受战争分子欢迎。所以，穿越到三晋，也就是中原地区，你绝对有机会体验一把发生在两千多年前的冷兵器时代的战争。但是呢，个人并不建议你穿越到这里参与战争，真实的战争从古到今都不是游戏。当然，如果你是一个买了回程票的穿越客，那么倒可以只把这当成一个真实的游戏。你要是穿越过来生老病死一辈子，可就千万不要抱有那种我玩一次战争游戏的心态。

事实上，四战之地的三晋地区，军事操练已经成为当地人的日常生活了。当三晋人，尤其是赵国人，你会发现：不管你乐意不乐意玩战争游戏都会被征召，而且你千万不要妄想玩一次就可以抽身，除非你一上来就扑街了。

赵国是三晋地区最经打的国家。公元前262年到公元前260年，秦国人和赵国人苦战于长平。最终赵国人战败，秦军获胜并进占长平，他们还坑杀了四十万赵国士卒。第二年，秦昭王又带着秦军围攻了赵国的都城邯郸。在秦人的久攻下，邯郸城内一度弹尽粮绝，直到公元前257年，魏、楚两国派兵援助赵国，战局才发生了扭转。最后秦军无功而返，赵国人保卫住了邯郸，但也付出了惨痛的代价。

不要以为赵国的战事画上了句号，事实上，秦国人撤走不久，燕国人又来了。燕国人清楚赵国人在长平损失了四十万青壮年，而后在邯郸之战中又死了一批兵卒，所以觉得赵国的实力应该损耗得差不多了。于是，想趁火打劫的燕国人就在公元前251年，发兵攻打了赵国。顽强的赵王任廉颇为将，廉颇带领赵人不仅把燕国人给打了回去，还一直打到了燕国首都。燕国人求和，赵国人还不许，要求必须让燕国的将渠来谈和才行。后来将渠来了，双方谈和成功，赵国人才从燕国撤军。

简直是神逆转啊。看到这，你千万别以为赵国就会长久太平了。公元前242年，不吸取教训的燕国人又来打赵国。这次，因为廉颇已经离开赵国，赵王就任庞煖为将，庞煖也不负众望地把燕国人给打了回去。

紧接着，第二年，也就是公元前241年，庞煖又组织了赵、韩、魏、楚、燕五国的联军来合纵抗秦。五国联军一路浩浩荡荡来到了函谷关，在蕞（zuì）地和秦军相遇了。这时，赵军的猪队友楚军竟然一声不吭地自己撤军回到楚国吃橘子去了。见楚军撤走的韩、魏、燕三军也都跟着打完报告撤退了。最后，在蕞地和秦人激战的又只剩下赵国人了。真是"本是同根生，相煎何太急"！六国之中，抗击秦国最卖力的必然是和秦国同姓的赵国，也只能是赵国。看这最后一次合纵就知道了，亲秦的齐国人压根就没参加合纵。韩、魏、楚、燕四国刚遇上秦军就直接撤了。只有赵国人还留在抗秦的第一线。最后，被猪队友坑了的赵人自然是输给了秦人。庞煖领着赵军回国的时候，对猪队友们的行为越想越生气，但他更恨没来参加合纵的齐国，于是怒齐独附秦的庞煖率赵军攻取了齐国饶安，之后才率军回国。不得不说，赵国人的战斗力真心强悍，他们只输给过秦国。

如果他们这支联合队伍不是在这样关键的时刻怂了的话，那么结果也许会完全不一样。但是历史没有假设，你也不要假想最后一次合纵失败后，赵国就会太平。接下来，就是秦灭赵之战。而且秦灭了赵之后，也没太平多久。实际上，到了秦末，赵地仍然是四战之地，这里还要继续上演巨鹿之战呢。

上述提到的，还只是赵国比较大的战役，还没算上赵国国境上的小战役呢，比如李牧打匈奴等等。一句话，你要是一个汉子穿越到赵国，那你就做好常年抗战的准备吧。穿越到韩国、魏国的话，可能会比赵国好一点，但是他们的情况也真没好太多。因为整个三晋不仅地势平坦，更是被各方觊觎的中原之地。

子曾经日过："危邦不入，乱邦不居。"意思就是说不进入政局不稳的国家，不居住在动乱的国家。圣人孔子说这话，肯定是有道理的，你最好还是相信。倘若你执意要留在三晋地区，那就必须做好奋战在前线的准备。还有就是，记得穿越前，多买几份人身意外险。如果你本意就是来体验铁与血的生活，那么给你一个忠告：穿越之前多练练体能，省得一来就当炮灰。

广阔天地大有作为

吴越垦荒

　　两千多年前的吴越，地广人稀，绝对是一片恍若仙境的人间净土。在这片净土上，你不仅能呼吸到最纯净的空气，品尝到最绿色的食物，还能领略到最原始的自然风情。打个比方，两千多年后的今天你到杭州游玩，看个西湖，法定假期肯定是到哪儿都是人。两千多年前呢，来钱塘江的话，西湖是看不见的，但是你可以看武林水，它是西湖最原始的样子。虽然武林水边没有雷峰塔、苏堤和白堤，但是你绝对可以享受一个人包场的感觉。那会儿的江南地区因为开发实在有限，简直就是一个南大荒，急需你这样的二十一世纪有志青年穿越过去开荒拓土。

　　放心，穿越后你的拓荒之旅绝不会孤单，因为有大把的楚国人、齐国人、鲁国人陪着你呢。只是穿越到吴国还是越国，这是一个严肃的问题。春秋后期，吴越两个诸侯国是天下争霸的焦点，而吴和越的关系可谓势同水火。

　　吴国和越国在春秋早期的时候，都是楚国派南部联盟的一员。纵观天下局势，楚国与晋国争霸之势越演越烈，而这两大诸侯国的国内政局也是波谲云诡，尤其是晋国。从春秋中期开始，晋国国内诸卿为了上卿的位置争斗得十分激烈，晋国人为了在这一阶段不让楚国人占便宜，便决定在南部扶持一个诸侯国和楚国对掐，吴国就这样被选中了。吴国主体民众虽是越人，但是他们的国君却是周天子的亲戚，所以吴国仍是一个姬姓诸侯国。接着，吴王梦寿应邀去中原旅游一圈，顺便去洛阳朝见了一下周天子，感受赫赫宗周气派。回来后，吴王寿梦就彻底跟着晋国混了，从此退出了以楚国为核心的南部联盟。顿时，楚国人傻眼了，而依旧跟着楚国混的越国人也傻眼了。

于是，楚、越、吴三个诸侯国展开了一场历时百年的争霸大战。

第一阶段，楚国为主，越国旁从，两军一起发兵制裁吴国。结果，吴国人在吴王阖闾的领导下一举攻破楚国都城。不幸的是，吴人没在楚国待多久，就被秦楚联军反攻了，随后又被越国人在背后捅了一刀。不过，吴国通过这次灭楚行动，在南部争取到了更大的发展空间，同时吴国开始北上争霸。楚国则吸取教训，开始重点扶持越国，打算借此来牵制吴国。

第二阶段，就是被楚国扶持壮大的越国和吴国的争霸之战。这个阶段实在太精彩啦，因为吴越战争历时三十五年，在这些年头里越王勾践和吴王夫差可谓耗尽了青春。吴越两国的相爱相杀，演义出了无数传奇故事，被今人反复拍摄成影视作品。这个阶段简短来说就是：吴国将越国打残，等越国满血回归之后就彻底消灭了吴国。越王勾践和吴王夫差的父亲双双在吴越战争中战死，他们纷纷留下遗命，一定要做掉对方的国家。继承父王遗志的吴王夫差带领吴国人先是把越国给灭了，但虐敌虐得十分开心的夫差后来居然把越王勾践给放了！复国后的勾践秉承父亲遗志，加上雪耻之心，又领着越国人反过来把吴国给灭了。

第三阶段，是越国和楚国为争夺南部霸权进行的战争。最后的结果是，楚国进一步统一了南中国，一举攻克越国。三国的争霸大战就此落下帷幕。

如果你穿越到最为激烈的第二阶段——吴越争霸中，你一定得慎重地选择你的阵营。从长远来看，越国是一个不错的选择，好歹在吴越争霸中笑到了最后；

但在这场耗时颇长的拉锯战中途，吴国还是比较占优势的。不过无论你选越国还是吴国，在生活上并没有太大差别，因为生活在吴越两地的人，他们的生活习惯和方言都差不多。

不管怎么说，你去吴越一定要做好如下准备：

第一，学一下越言。来吴越拓荒的你，一般接触到的吴越土著大多不会说雅言，毕竟你不能指望在方言区遇上的人个个会说雅言。何况先秦时代雅言还是挺高大上的一个东西，真不是一般平民百姓会的。你要是能说一口不带任何口音的雅言，在当时可是挺长脸的事情呢。来吴越学一下当地方言还是很有必要的。而且越言也挺有意思的，比如越人喜欢把"盐"呼为"余"，所以他们的盐官也不叫盐官，叫"朱余"。越人还喜欢呼"船"为"须虑"。最有意思的是，越人一般称呼齐国人为"多"。

第二，你穿越前，得先学一下游泳和划船。吴越地区水泽密布，水路交通很发达，当时越人也好，吴人也罢，但凡丈夫无不精通水性。在南方呢，船是很重要的交通工具。吴、越、楚三国都有不错的舟师，这三国时不时也会打打水战，尤其是吴越两国，双方的舟师都很厉害，没少打水战。

第三，在吴越拓荒呢，可以搞搞副业，比如像齐人一样种种麻、制制弓，但是制鞋就算了吧，因为在吴越地区鞋子的销路不是很好。吴越人傍水而生，常常不穿鞋。韩非子就曾报道过这样的八卦消息。说从前有一个鲁国人擅长编草鞋，他的妻子则擅长织白绸，他们想搬到越国去定居。然后有人对他说："你到越国一定会变得很穷。"那个鲁国人问："为什么呀？"劝他的人说："编草鞋是为了给人穿，而越国人不爱穿鞋，喜欢赤脚；织白绸是为了做帽子，而越国人不爱戴帽子，他们的习俗是断发文身。你要是搬到不能发挥你长处的地方去，怎么可能不变穷？"于是，那对鲁国夫妻被吓到了，果断放弃移民越国的想法。所以你要是想在拓荒之余搞搞副业，就不要做鞋子，可以考虑一下替人刺青之类的。说到吴越风俗，除了男子断发文身之外，妹子则是雕题黑齿。所谓雕题黑齿，即是在额头刺上纹饰，并染黑牙齿。

虽然两千多年前的吴越地区和中原诸国比，确实落后了些，但在思想文化上，吴越并不贫瘠。起码吴国也出过不少贤人，比如延陵季子。延陵季子，又叫季札，此人一生传奇，作为吴国王子的他因为贤德被人传了三次王位，但是三次他都没有接受，遵从礼法地把王位让了出来。所以无论在吴国人心里还是中原人心里，他都是贤者的典范。有句话叫"南季北孔"，"北孔"指的是孔子，"南季"则是指季札。另外，延陵季子也是吴国的外交家，他曾经代表吴国出使过不少地方。公元前544年，延陵季子奉命修好北方诸侯。他出使到鲁国的时候，欣赏了宗周经典乐曲的演奏，并结合社会政治背景，一一作出评价。其中，他评价最高的是《秦风》，按着他的话来说："这才是真正的华夏之声呀！秦风的曲调竟然和过去宗周鼎盛时期的华夏之声一样，想来秦国的国力也必会日益强大。强大到一定程度之后，应该就能达周王朝鼎盛时那样了吧！"某种程度上讲，延陵季子也算是预言家了。如他所言，秦人最终高唱《秦风》，统一了天下。

延陵季子为人称贤的另一个典故则和一个嬴姓诸侯国有关。这个诸侯国就是徐国。在西周时期，徐国算是淮水之上一个很有实力的诸侯国。作为东夷的一支，徐人和秦人在商末周初的时候，立场差不多。区别在于秦人在帝辛（纣王）玩完后，就"改邪归正"了，从此死心塌地跟着周天子混。徐人呢，他们没像秦人的祖先那样积极地服侍新主，那个时候徐人对周天子的死忠度不及秦人。等到周并天下之后，大概在周成王时期，徐人更是参与了以武庚为首的商朝遗老遗少们组织的针对周朝的叛乱。徐驹王甚至带兵直接攻打王师，一直打到了黄河边。后来，徐国自然被周天子修理啦，势力也大不如前。

延陵季子出使途中路过徐国的时候，受到徐国国君热情的款待。接着，延陵季子发现徐国国君十分喜欢自己的宝剑，但他使命没有完成，现在不能把宝剑送给徐国国君。于是，延陵季子就暗下决心，返回途中再次经过徐国的时候，一定把宝剑送给徐国国君以作答谢。然而人算不如天算，谁知道延陵季子再次经过徐国时，徐国国君早已去世。无奈的延陵季子只好解下价值千金的宝剑，挂在徐国国君的墓上。

这一故事常为世人称道，大家觉得延陵季子的行为，可以说是恪守信义的典范。可见吴越虽地处南大荒，但在文化上和中原一脉相通。因而，你穿越到吴越除了生活条件略差些以外，其他也没什么，所以请安心拓荒吧。

叁

职场有风险
入行需谨慎

不管是做神秘的巫师、拉风的将军，还是炫酷的间谍，您都可以混得风生水起。但有一个前提，那就是您千万千万不能穿越成奴隶。

跳大神是一个不错的活计

"轰隆隆"一阵巨响，当你再次睁开眼睛的时候，你已经成功魂穿到了楚国。然而，很不凑巧的是刚到楚国的你还没来得及领略楚国的大好河山，便在田间目睹了一场私斗。

私斗的场面可刺激了——两个农民拿着家伙，赤膊相斗。农民甲突然小宇宙爆发，用锄头砸伤了农民乙的脑袋。原本和你一样在看白戏的路人丙见此，急急跑去乡里请执事小吏来处理。在楚国私斗原本算不上什么大事，但是如果出现伤亡，自然不能算是小事①。执事小吏很快赶到现场，阻止了私斗并将相关人员带回去做笔录。

这时，作为目击证人的你开始滔滔不绝、口若悬河地向执事小吏描绘起方才所见。当你好不容易绘声绘色地说完了证词，没想到对方非但一个字都没记，还面无表情地回你一句："还没盟诅呢！未经盟诅的证词是不能算数的。你先跟我念，'我对东皇太一起誓，如下所说句句属实。'"

你不禁要问盟诅是啥？"我对东皇太一起誓……"别逗了，这话听得怎么这

---

① 在包山楚简的简80里就有关于楚人伤人的刑事起诉。

么像港剧里的台词：“我向上帝起誓，如下所说的一切均是事实。”

到底谁是穿越客？当然是你啦。

《周礼》上说：“有狱讼者，则使之盟诅。”盟诅，是西周狱讼制度中的一个法定环节，即当事人和证人陈述事实之前，在执事官吏的主持下先举行盟誓仪式，向信仰的神明发誓，自己所说一切属实，如若不然愿受神明处罚。先秦时期的人，普遍迷信，而楚人尤甚。

好鬼神的楚人不仅完美地保留了西周狱讼制度中的盟诅环节[1]，还将对鬼神的信仰融入到了生活的方方面面，具体表现为在楚国没有占卜不能办到的事儿。对楚人来说，只要有什么犹豫不决的事都可以占卜问神。

先秦人的生活离不开卜卦，出门前卜个卦看看凶吉算是平常事。不仅楚地风俗如此，三晋、齐鲁等地也如此，甚至在推崇法家文化的秦国，当地人的日常生活也离不开凶吉数术。然而在楚国，除了生活琐事可以占卜问神外，就连立嗣、任官这类的大事也一样可以。春秋中期，楚共王因为有五个儿子而实在拿不定主意到底立谁为太子，于是他老人家干脆把立嗣的问题推给神明，让神明替他决定。因为先秦时期的人是多神信仰，所以楚共王派巫师携玉璧，访遍了寄住在楚国名川大山上的各路神明。待巫师归来后，他便选定吉日，秘密将这块宝璧埋在太庙某处。而后，他便将五个儿子齐齐召到了太庙前，让他们依着长幼之序，挨个进庙跪拜，谁叩首触碰到了隐蔽在地下的玉璧便是神明选中的继承人。

对楚共王这种当璧选嗣的做法，唐代诗人元稹不是很理解，他在《楚歌十首》中讽刺道：“楚人千万户，生死系时君。当璧便为嗣，贤愚安可分。”楚共王的

---

[1] 在包山楚简的简 127 里关于余庆杀人一案中，记载有 210 个人出庭前都进行了盟诅。

曾孙楚惠王还是挺理解自己曾祖父的，所以当他在任命谁做令尹这个问题上犹豫不决时，就用卜卦的形式来决定。战国时期的楚怀王就更加"碉堡"了，曾开坛做法请求神明替他击退秦军。当然，隔壁的秦国也不是吃素的。楚怀王请神之后，秦王也找人开坛做法，整了一套《诅楚文》，摘录如下：

有秦嗣王，敢用吉玉瑄璧，使其宗祝邵鏊布忠，告于丕显大神巫咸，以底楚王熊相之多罪。昔我先君穆公及楚成王，实戮力同心，两邦若壹，绊以婚姻，袗以齐盟。曰：叶万子孙，毋相为不利。亲即丕显大神巫咸而质焉。今楚王熊相康回无道，淫佚耽乱，宣侈竞从，变输盟制。内之则暴虐不辜，刑戮孕妇，幽刺亲戚，拘围其叔父，置诸冥室椟棺之中；外之则冒改久心，不畏皇天上帝，及丕显大神巫咸之光烈威神，而兼倍十八世之诅盟。率诸侯之兵，以临加我，欲灭伐我社稷，伐灭我百姓，求蔑法皇天上帝及丕显大神巫咸之恤……

这是秦王派遣宗祝向大神巫咸揭露楚王的罪恶呢。大意是："我的神啊，我隔壁的楚国实在太不厚道了，我们秦国的先君穆公和楚国的先君成王同心结好，以婚姻为绊，两家人亲如一家，又订下万世子孙毋相不利的盟约，到如今秦楚两家已经交好十八世了。可现在隔壁那个暴虐、无耻、厚脸皮的楚王竟然背弃了十八世盟约，带着诸侯来攻打我。我的神啊，楚王这样背盟犯诅，是对你赤裸裸的不敬。神啊，请你保佑我秦必胜，他楚必败。"

综上所述，不难发现先秦时代的神明们很是忙碌，因为信众实在太多了。昨天楚王开坛做法求神明庇佑击退秦师，今天秦王就跟神明打楚王的小报告，过几天说不定三晋、齐鲁等诸侯国都来凑热闹，各种和神明套近乎，求庇护，再打打小报告。想想这得做多少场法事啊，看来比神明更加忙碌的莫过于各个诸侯国的巫师了。

跳大神是一个不错的活计——巫

巫师呢，女曰巫，男曰觋[①]。很多时候，巫觋两字可以连用。巫，除了指代女巫，有时候也指男巫。《诅楚文》中的“大神巫咸”，就是辅佐商王大戊的大巫师，他的性别自然是男性啦。而“宗祝”则是一个官职，执掌祈告祖宗及鬼神之事。《说文解字》曰：“巫，祝也。”所谓“宗祝”，其实也就是有着官方身份的群巫之长。先秦时代，能通天地、交鬼神、寄死生的大巫师是普遍受人尊敬的。穿越到先秦，对于肩不能扛手不能提的你来说，靠军功起家的可能性太小，也许当一个跳大神忽悠人的巫师会是一个不错的活计。

先秦之人既重神明，而巫师又可通神鬼，由此推测，巫师必然是个很吃香的职业。确实如此，巫师一职既体面又受人尊敬，而且用得着巫师的地方也很多，比如占卜算卦、盟咒起誓、祭神拜鬼等等。所以比起风吹日晒、昼夜操练、随时有可能在战场丧命的士兵，巫师绝对是个不错的选择。那么我们就来具体了解下巫师的等级划分和职业技能。

似乎许多职业都有官方与民间之分，巫师也不例外。除了官方的“宗祝”“卜尹”（楚国负责占卜的巫官）等巫官外，民间也有大量巫师。民间巫师大体可分为三类，即邑巫、私巫和游巫。

邑巫，是指有官方背景，在所处城邑有一定影响力和威望的大巫。这类巫师可以说是当地巫社或巫祠的常驻巫师。春秋时期，这些邑巫混得好的，不仅有机会混迹于公卿大夫家，甚至还有机会面君，参与诸侯国内一些大事的占卜和预测，比如楚成王时期的范邑之巫姒、晋国梗阳邑的巫皋等。

私巫，是贵族们的私人巫师，专门供职于某一个大夫或其家族。望山楚简中，

---

①《说文·巫部》：“觋（xí），能齐肃事神明者也。在男曰觋，在女曰巫。”

就有"大夫之私巫"的记载。此外,包山楚墓出土的简牍中记载了为左尹昭力它生前祭祷占卜的十二个私巫的名字。私巫在楚国的贵族圈里是相当普遍的存在。在齐国,除了私巫,还有长女不嫁,留在家里主祭祀做家巫的传统。这种家巫叫"巫儿"。据说"巫儿"的习俗,来自春秋霸主之首齐桓公的哥哥齐襄公。按着汉代班固的八卦说法,是因为齐襄公十分淫乱,和自己的姐妹文姜私通,于是他下令让各家的长女不嫁,留在家里守祠①。弱弱地说,如果魂穿成齐国长女,看来你是不想做巫都不行啊。

游巫,顾名思义就是四处游方的巫师。这类巫师数量很多,算是巫师中的个体户吧。他们混得好的过得很不错,混得差的就十分差。《晏子春秋》就记载了一个叫微的楚国巫师到齐国行巫的故事。巫微由裔款引见给齐景公,他成功忽悠了齐景公,却没能忽悠过晏婴,于是被晏婴点醒的齐景公遣送到齐国东境。看来跨国跳大神,还是有一定风险的。另外,比起前述两种巫,游巫的生活保障相对差些。但得提醒的是,先秦的游巫不是很好做,不过巫师一职本来就不是人人都能胜任的。

了解了这么多,客官你还打算入职巫师吗?你意已决,打定主意要利用大忽悠技能玩转先秦?好吧,客官你既然已经决定了,小柳这就为你安排。不过,为了能让客官你在楚国竞争激烈的巫师行业中胜出,小柳在这里要教你几招穿越到先秦跳大神的伎俩。

首先,跳大神一定要披头散发。为什么呢?因为先秦人觉得散着头发可以驱

---

① 《汉书·地理志》载:"始桓公兄襄公淫乱,姑姊妹不嫁,于是令国中民家长女不得嫁,名曰'巫儿',为家主祠,嫁者不利其家,民至今以为俗。"

鬼。睡虎地秦简上说："人行而鬼当道以立，解发奋以过之，则已矣。"意思就是：亲，如果你在大街上遇见鬼，不要害怕，勇敢地解开你的发辫，然后若无其事地走过去！如果你是短发寸头的穿越客，那么你在楚国的大街上遇到恶鬼时，不用解发，直接大胆地走过去就可以了。因为你的杀伤力远比恶鬼要强！

其次，除了披头散发之外，最重要的是你千万千万不要嫌弃狗屎，要知道狗屎可是巫师的一大常用道具。狗屎，又叫狗矢、犬矢。它在先秦时代是驱邪拔魅的灵物，作用和狗血差不多，但是它使用的范围却要比狗血大很多哦。要知道，洒狗血，洒狗血，狗血一般只是用来洒的，而狗屎呢，不仅能洒，还能用来沐浴、和药。

狗屎作为先秦时期人们居家旅行的必备驱魔良药，在睡虎地秦简《日书》上就有记载。说是一个女子因为患上了"鬼交"之疾，为了驱疾治病，巫医（先秦时代，巫、医是不分家的）就让这个姑娘自己洗了一把狗屎浴来驱邪。那啥，穿越到先秦前，你最好先去医院多打几种预防针再来。实在不行，带点抗生素再穿越也行。总之，在先秦你尽量不要生病，一来两千多年前的医疗技术相当有限，二来是你得了病，给你看病的未必是医，可能是巫医。像扁鹊这样的正经良医有是有，但你未必能遇上。要是遇上不靠谱的巫医，没准就当你是中邪来处理，直接让你洗狗屎浴敷衍了事。

如果洗了狗屎浴仍不见效果的话，还可以将狗屎掺和中药再洗一次。据说狗屎和药洗澡有千杯不醉的效果哦。传说三皇五帝之一的舜曾经就用过这招。伟人的背后都有一段心酸史啊。伟大的帝舜自幼丧母，从小就受到后妈的迫害。发展到后来，舜的亲爹瞽（gǔ）叟、后妈和同父异母的弟弟象都黑了心肠，三人密谋以请舜喝酒为名，准备用酒灌醉舜，然后杀死他。舜知道后很难过，难过之余他将这事告诉了他的两个妃子娥皇、女英。于是，这两姐妹就用狗屎和药，给舜洗了一把狗屎澡。第二天，舜应约去喝酒，怎么都喝不醉，因而免遭杀身之祸。

此外，狗屎还可以搓成狗屎丸，遇上不干净的东西，你可以直接拿狗屎丸丢过去。在先秦你不必为自己摊到狗屎运而哀叹，踩到是好事，狗屎在身，百鬼不得近身哦。看到这里，你应该可以明白小柳的良苦用心了吧。之所以推荐你穿越到先秦干跳大神这个职业，就是因为穿越过去将面临一个丢狗屎和被丢狗屎的艰难选择。做巫医的话，好歹丢狗屎的主动权在你手里。

跳大神不是光会丢狗屎就能胜任的，还要会一些咒语。先秦时期咒语倒是不难学，只要注意两点就可以了：第一，语言要简单，话不要太多，神明的业务可是很繁忙的，哪有许多时间听你啰嗦；第二，语气要强硬，一定要拿出职业驱魔人的气魄，作为一个专业驱魔人，气势上绝对不能输给那些牛鬼蛇神。睡虎地秦简《日书》上记载了这样一条咒语："天神下干疾，神女依序听神吾（语），某狐叉非其处所，巳（快滚）；不巳，斧斩若。"这话通俗点就是："天神降下了不正之疾，神女依序倾听天神之言。患者的身体可不是你这个小狐叉作恶的地方，赶紧给我麻溜地滚蛋。不然，我分分钟钟拿斧头劈死你！"

不要觉得这条咒语很粗暴，先秦时期诸如此类的咒语还有很多。我相信你一定可以举一反三。

在你披散头发，学会忍受狗屎的种种不适，并且熟练使用咒语之后，小柳还得提醒你：一定要耐得住寂寞，经得起诱惑，因为这实在是一份考验定力的工作。子经曾曰过："南人有言曰：'人而无恒，不可以作巫医。'"在当时南部人看来，一个人如果不够有定力有恒心，怕是当不成巫医的。

小柳坚信，只要你的技能点磨砺得够高，并拥有足够的定力，你一定能在先秦混得风生水起。

这位客官，不要心急呀，你还没有选择降落地点呢，万一不小心掉到了未开化的蛮荒地区可就不好了。你且耐心听我慢慢道来，不然吃亏受苦，可怨不得小柳啦。

要知道"楚俗不事事，巫风事妖神"，选择就任巫师一职，其首选降落地当然是楚国啦。

楚国是一个敬奉鬼神的国家，一个由巫师建立起来的国家。在楚国，不仅医可以兼职做巫，擅长占卜，就连令尹、司马这样的政要也都会占卦。《左传·昭公十七年》载："吴伐楚。阳匄（gài）为令尹，卜战，不吉。司马子鱼曰：'我得上流，何故不吉。且楚故，司马令龟，我请改卜。'令曰：'鲂也，以其属死之，楚师继之，尚大克之。'"依照楚国的传统，"卜战"应由司马"令龟"，所谓"令龟"就是在龟甲上钻凿"命辞"，提出贞问事由。先秦时期，龟甲是非常主流的一种占卜道具。除了用龟甲占卦外，蓍（shī）草卜卦也很流行。不过呢，据说龟甲要比蓍草灵验，占卜国之大事必不可少的依然是龟甲。

当然，国之大事除了用龟甲占卦外，也少不了国君来做主祭。在楚国，兼职跳大神的人除了令尹和司马外，级别最高的当数楚王。如果说其他诸侯国的群巫之长是类似"宗祝"这样的巫官，那么可以说楚国最大的巫长就是楚王本人。楚王的祖先祝融本身就是帝喾的火正，所谓"火正"，其实就是司火的大巫。商末周初，楚人的立国之君鬻（yù）熊说是周文王之师，其实是文王身边的火师。"火师"和"火正"差不多，依然是一个司火的大巫。

在这样一个大巫建立的国度，巫的地位自然不低。可以说，从春秋到战国，巫师在楚国的地位都不低。而中原诸侯国的民间巫师在春秋时期地位也不算低，但在战国时期就明显降低了很多。究其原因，在于中原地区的迷信程度到春秋末战国初的时候得到了明显改善。到了战国，在中原跳大神的你想搞个人祭来骗点钱，比如找个名目给河伯娶妻啥的，难免会遇上西门豹这样执法严明且不信邪的人。客气点的，直接就把你给法办了，不客气的，就像西门豹那样把你丢河里送河伯啦。但是在楚国，你就不用担心遇上西门豹这样的人了。

穿越到楚国，不管你跳不跳大神，只要你选对时候，就有机会看官方搞人祭。楚灵王灭蔡国的时候，就特地批准他的弟弟公子弃疾用蔡灵侯的太子首级来祭山神。这个倒霉的蔡国太子，谥号"隐太子"。其实春秋时期人祭已经很罕见了，所以楚灵王用贵族搞人祭，这在当时是很令人发指的事，因此《左传》用强硬的指责态度记载了这件事。

三家分晋之后，中原诸侯国以及秦国都兴起了一股变法之风。法家思想强调反鬼神，拿韩非子的话来说："用时日，事鬼神，信卜筮而好祭祀者，可亡也。"这话翻译过来，就是办事挑选良辰吉日，敬奉鬼神，迷信卜筮又喜好祭神祀祖的话，等待你的很可能是灭亡哦。在唯物的法家看来，要想不亡国，就不能因为事鬼神而怠慢法治。所以在那些推行变法的诸侯国，民众的迷信度普遍下降，自然而然民间那些巫师渐渐就不是很吃得开啦。

然而，就在中原各国逐步削弱敬天尊神思想、推行理性精神的时候，楚国仍在敬事鬼神的道路上前行。变法在楚国不是没推行过，只是兴不过一代人就失败了，反鬼神的法家思想怎么可能会在一个大巫建立的国度推行下去呢。赵、魏、韩三家可以分晋，田氏可以代齐，是因为晋与齐本身在用人制度上就侧重任人唯贤。随着历史的车轮不断前进，齐国、晋国那些碌碌无为的公族最终被强势的卿族取代，失去公族做依托的晋国和齐国国君被外姓的卿族取代也就成了顺理成章的事了。一定程度上来说，任人唯贤是变法的一大前提。楚国用人之道侧重任人唯亲，就拿令尹这个相当于中原"相国"的职位来说吧，从春秋到战国，楚国的令尹基本都出自楚国公族，也就彭仲爽、吴起、张仪、黄歇①这四个人不是楚王亲戚。其他令尹或多或少都和楚王有亲戚关系，只是亲疏不同而已。此外，楚国和同样在用人上推崇任人唯亲的鲁国也有许多不同。鲁国虽然没有被外姓卿族取代之忧，但还是发生了"三桓欺君"这样的事情。所谓"三桓"，即孟孙氏、叔孙氏和季孙氏。三桓都出自鲁桓公，本身就是公族，和鲁国国君是亲戚。只不过到了鲁国中后期，三桓家族势力强盛，鲁国国君和他直属的公室成员在三桓面前微弱得如同小侯。然而，类似三桓欺君的事情在楚国却从来没有发生过。在楚国可以取代现任楚王的人，只有楚王的亲叔叔、亲儿子和亲弟弟，而这些人身上通常都背着神谕。所以楚国在任人唯亲的基础上，还加上了"神治"的色彩。

虽然楚国历史上没有三桓欺君这样的事情发生，但也爆发过公族叛乱。楚庄王的时候，若敖氏就有叛乱过，而且那场叛乱还很有规模呢。若敖氏的私兵和楚国的王师在皋浒这个地方，擂鼓而战，场面相当热闹。若敖氏大宗的家主斗越椒异常英勇，一箭射中了楚庄王的发冠，再一箭射中了楚庄王所乘之车的车盖。顿时，楚军的士气大为受挫。好在楚庄王是一个持重的人，立刻急中生智，只说了一句话就扭转了局势。猜猜看他说的是什么？

如果你猜楚庄王会说："平乱后，咱们按功论赏，能取斗越椒首级者，赏万户。"那你就大错特错了，那会儿的楚国人可没这么功利呢。确切地说，楚国人的思想整体就没有三晋、秦齐那样现实，即便到了战国，楚人的思想仍是更多地

---

① 黄歇的身份存在些许争议，韩非子在其著作中提到过黄歇是楚顷襄王的弟弟。

侧重道家。强调信鬼神、驱使鬼神的道家重视精神层次的追求，所以在楚国，楚王才不会说以功名利禄为奖赏的话呢。

其实楚庄王不过就是淡定地跳了一下大神，随便编了一个幌子说："大家不用惧怕。斗越椒这群反贼现在之所以可以占上风，是因为他们从我的先人那里偷走了两支神箭。现在这两支神箭都用完了，他们必然会失败。"而后，楚军士气大振，立马扭转败局。

对楚人来说，楚王除了是一国之君之外，更是引导他们精神世界的"大巫"。由此可见，在全民尚巫的楚国跳大神肯定比在其他诸侯国混得开，但切记不要挑战楚王"大巫"的权威，不然你会死得很惨！

论"淘金梦"的幻灭

　　理工科的男生总希望穿越到先秦从事各种研发，靠科技干出一番大事业，而最热门的选择呢，莫过于冶金炼铁啦。通常的模板是：一个二十一世纪的理工科高才生穿越到先秦，虽然该男肩不能扛手不能提，但他是理工男啊，正所谓"学好数理化，走遍天下都不怕"，该穿越男遂凭借自己掌握的科学知识开始各种发明创造；最后，这位穿越男凭借着自己锻造出来的现代装备，成功在沙场建功立业，成就宏图霸业，或是成为大军火商，批量贩卖，坐地数钱。

　　想法很励志，但现实操作难度太大。且不说你掌握的那些知识是否足够搞科技开发，即便你只是打算照着二十一世纪教科书上的内容来整点小实验，怕都很难备齐材料。好比你打算自己整点土炮、土枪、小刀之类的武器装备，你总要有要铜、铁这些金属资源。而这些金属在先秦的市面上，你是绝对买不到的。因为铜这样的金属，在那个时代是重要的战略物资啊。如果有人送你一小块铜，那已经是很给你面子了。你可能不知道，铜这么贵重的战略物资就算是国君也不能随便送人的哦。楚成王就曾送给郑国国君一车铜，不过没多久他就后悔了，无奈君无戏言，他只好拉着郑国国君盟誓，让对方答应绝不用这些铜用来锻造兵器。可见，那会儿铜作为战略物资到底有多么重要，多么稀缺。

你也许会说，不要紧，咱可以自己动手，丰衣足食！市面上没有不算啥，大不了哥自己采矿。楚国也好，秦国也罢，矿藏确实十分丰富，只是这些都是国有资产，不是你想开采就可以开采的！何况未经批准私自采矿是违法的。即使在极富人文关怀的楚国，私自采矿被逮住都是要处以磔（zhé）刑的。什么是磔刑？那就是活生生肢解！亲，你打算在楚国以身试法的话，不妨来看看一条记载在《韩非子》上的信息。据说楚国南部有一条叫丽水的河中盛产金沙，那里每年都有不少像你这样愿意以身试法的人去窃金子。但官家发布命令严禁偷采沙金，但凡是偷采金子被抓住的，就会被立即拉到闹市上砍头，并分尸示众。结果屡禁不止，那些偷金者的尸骨把丽水的河道都给堵住了！[①]穿越到楚国企图靠炼器发家的你，可以去丽水体会一下什么叫"君不见丽水边，皑皑白骨无人收"。

私自采矿的 A 计划风险太大，代价也太大，不得不取消。不过，就算采不了矿，哥还有 B 计划：作为理工男，我可以自己提炼铸造嘛。把那个铜钱、铜剑、铜壶啥的通通熔了，然后自己铸造，这总没危险了吧。难道先秦的市面上连铜器、铜钱也不流通？

先秦时期，铜器是一件奢侈的东西，一般市面上还真没怎么流通。而铜鼎、铜簋这些铜器，基本上是供给贵族用的。天子用九鼎八簋，诸侯用七鼎六簋，大夫用五鼎四簋，元士用三鼎二簋，你以为是说着玩的吗？春秋战国时期，天子式微，诸侯林立，礼数上出现许多僭越，但再怎么僭越也没有三连跳啊。说白了，诸侯僭越天子用九鼎八簋这种情况有没有？有！湖北随州擂鼓台曾侯乙墓就出土了九鼎八簋。那么问题来了，有没有大夫或者士僭越天子的啊，答案是绝对没有。

---

① 《韩非子·内储说上》："荆南之地，丽水之中生金，人多窃采金，采金之禁，得而辄辜磔于市，甚众。"

所以穿越到先秦后，如果你只是庶人，那你想在市面上买比较大的铜器几乎是不太可能的：一来是怕你在物质上和身份上不够资格买；二来是比较大的铜器往往由官造或者私府定做，这些都是有专供对象的，你没有什么机会买到。而铜剑、铜镜倒是可以买到，但是呢，那个时代铜制品都不便宜的，尤其是剑！剑，可是身份的象征，若你买到一把剑，还是别熔了，能身佩铜剑，这也是一种体面。

另外，虽然现代的科学技术十分发达，但也别小瞧古人。先秦时期的冶炼技术可没你想象的那么差。约成书于战国时期的《周礼·考工记》，是世界上现存最早的记载青铜合金比例的文献。而按着《考工记》的说法，最理想的兵器应该是"三分其金而锡居一"，折合现在的比率是 75% 的铜加 25% 的锡。老实说，从你的业余手工小作坊出来的器物估计还比不上先秦工匠的手艺呢。我劝你还是放弃自己铸造器物的想法。如果你实在要坚持劳动人民靠双手吃饭，那么你还是用攒铜钱的法子去凑齐你搞发明所需要的铜吧。介于每个诸侯国钱币的含铜量都不一样，我个人推荐你去魏国，因为魏国的"垣"字币含铜量非常高，几乎为纯铜。但是赚钱呢，还是去齐国比较好。因为经过齐桓公时期管仲的经济改革，齐国的经济水平很发达，你比较容易赚到钱。

不过，攒铜钱搞发明的法子并不怎么靠谱，你累死累活一年到头也挣不到多少。干脆放弃这一想法，转行算啦。

将军不是你想当，想当就能当

　　"唉，搞个发明都要受到诸多限制，那还是帮哥安排个好点的身份，比如将军啥的。你也知道，每个男人都有英雄梦，哥也不例外。"某位客官扭着小柳非要穿去当将军，小柳也不好随便把人打发过去，还是得好生提点一番。

　　如果你穿过去的身份是庶人，那么留在齐国当技击之士待遇还算不错，至少在战场上每斩获一敌人首级就可以获金一块。对于穿越过来只能当文盲或者半文盲的你来说，是不是很诱人呢？什么，怎么不是将军？你老庶人的身份哪里一下子就能当上将军，还是努力建立军功，徐徐图之吧。虽然技击之士入选的标准没有文献资料，但咱们可以拿魏国的武卒入选标准做一个参考。

　　汉代班固的小道消息称：当武卒之后，不仅可以免除赋役，还有田宅可分哦。正因为报酬如此丰厚，所以想要当魏国的武卒可不是件容易的事，你得"衣三属之甲，操十二石之弩，负服矢五十个，置戈其上，冠带剑，赢三日之粮，日中而趋百里"[1]。

　　这要求也太高了，不过还好你要应聘的是技击之士，而不是魏国武卒。按照

---

[1]语出《荀子·议兵》。

赵国的儒学大家、楚国兰陵儒家学院的创始人荀子的话来说，齐国技击之士的战斗力不及魏国武卒。我估摸着你能达到魏国武卒选拔要求的三分之二水准大概就能入选齐国技击之士了。若是来自二十一世纪的你达到魏国武卒选拔标准的一半水平，相信参加世界铁人三项的比赛都可以拿到不错的成绩和名次。不过既然你可以在现代扬名，又何必穿越到先秦呢！要知道先秦武士的体能，可是完爆大多数现代人的哦。何况作为理工男的你，体能本就不是强项。那啥，小柳还是劝你放弃一以当千、扫敌于阵前的想法吧。

客官你的脸不要太黑呀，你说你不去齐国，要去秦国建功立业？

你真的确定吗，客官？

在秦国建功立业，改变身份与命运不是不可能。自商鞅变法以后，秦国不少官吏都是出自行伍。而且在推行军功爵制后，秦国锐士的待遇比魏国武卒都还要好呢。在秦国当兵，只要能在战场上斩得敌军甲士头颅一颗，就可赏爵一级，得田一顷，益宅九亩。不过高投入高回报，秦军的战斗力也是天下魁首啊。都说得这样清楚了，那你一定明白，这些都与穿越客的你无关。因为无论在哪一个诸侯国当兵，你都只是当炮灰的命！

客官你不想当炮灰，想直接升为将军？容小柳想想。有了，去楚国吧！

只要放弃从行伍中建功这样自虐的想法就好办了，你可以直接穿越成楚国的贵族。不过，定位穿越代价比较昂贵，客官你能接受吗？

客官你不差钱，可以使劲任性？看不出客官你还是个土豪啊。好吧，小柳这就为你筛选穿越对象。

楚国的贵族呢，在春秋前期一定要选若敖氏，那会儿若敖氏家族的地位和势力在楚国的公族世卿中首屈一指。春秋前期，若敖氏家族的成员往往被保送令尹或者司马。只要出生在若敖氏，你就不用担心当不成武将。

不过到了楚庄王时期，若敖氏发起叛乱，被镇压后这个家族从此在楚国就败落了。所以从春秋中期开始，我推荐你穿越成屈氏家族的成员比较好。屈家可以说是楚国的中流砥柱，从春秋到战国，屈家虽然从来没有特别风光过，但也没有特别落魄过。屈氏族人在楚国无论春秋还是战国，混到基层差事不难，投胎到屈家，一些武将还是可以做的，但是想往高层发展就不行了。

到了战国时期，想要在楚国混得好，必须得投胎到景氏或者昭氏家族。这两家相当于春秋时期的若敖氏，令尹和柱国①基本都由这两家族人轮流担任。楚宣王时，景舍任大司马，令尹就是昭奚恤；到楚怀王时，昭阳当令尹，柱国就是景翠。反复轮换也就这么回事，不过通常情况下，昭氏任令尹的次数比较多，景家任柱国的概率更高些。

"楚虽三户，亡秦必楚。"屈、景、昭这三大户咱都提到了，可在这三大户中，屈家基本上只负责陪太子读书，官高不过"三闾大夫"。屈原那么努力，好不容易混到令尹副手的左史，还被同僚排挤，只能默默地蹲墙角苦吟《离骚》。如果客官你想要位高权重，只要穿越成昭氏或者景氏的大宗长子，妥妥地非相即将，从起跑线就胜过了屈原。

除了上面这些公族，直接穿越成楚王的儿子、哥哥或者叔叔也是个不错的选择。因为楚王的这些近亲出任要职的概率也很高。

客官你看，在没有成功变法的国家就是好混，只要你穿越成贵族就不用担心没有你想要的差事。

---

①春秋时期司马是楚国武官的第一把手，到了战国就改称"柱国"了。

客官你说你中意战国时期的景、昭二氏啊，这也不错呢。那么在你穿越之前，小柳得提点你一条楚国相当重要的规定，你一定要牢记在心，这可跟你穿越后的生活息息相关呢。

当你成功穿越成景氏或者昭氏成员后，想要做楚国的将军不是难事，但楚国的将军绝对不好做。你或许会说："我知道，我知道。空降下来的将军，没有群众基础队伍不好带啊。"不不，你又想错了。

楚国军队在楚武王建立"县"之前，分为王卒和私卒。王卒，顾名思义就是楚王的直属部队。私卒，其实是楚国那些大族自己家的私兵，像若敖氏这样的大族，他们家的私兵人数和战斗力都是很可观的。楚武王创立了"县"之后，楚国又多了县师。县师，同样是隶属楚王的部队，但是他们的战斗力略差。好比你现在是景氏家族的一员，那些景氏的私卒本来就是你自己家的，不存在空降不空降的问题。王卒和县师，只要有楚王的虎符，他们自然也会听你的。你不用担心带不好兵的问题。

你需要担心的是如何保证永远打胜仗。做楚国的将军你可没有曾国藩那样"屡战屡败，屡败屡战"的机会。楚国之法，覆军杀将。你可别把楚国的覆军杀将理解成：楚国的将军带兵出征，全军覆没后将军才会以"覆军杀将"之名被处分掉。楚国的覆军杀将，指的是败军杀将。从春秋第一个因为吃败仗而自尽的屈瑕开始一直到战国，就没有真正意义上因全军覆没而被杀的将军。真要是全军覆没，基本上就算楚将没有战死，那也没颜面活着回来啊，早就选择自尽了。事实上，楚国所谓的杀将，是逼着败军之将自裁罢了，发展到春秋中后期，这已经演变成了主将主动承担战败罪责而自尽了。

春秋前期，楚文王时的阎敖、楚成王时的令尹子玉都是因为吃败仗而被楚王赐死的；到了春秋中后期，如楚共王时期的主将子反这样的将军都是自觉自愿替楚王背锅自尽的。在楚国当将军，你一定要有好良的思想觉悟。具体来说，就是你得勇于当楚王的背锅侠。

拿鄢陵之战来说吧。周简王十一年（公元前575年），晋国和楚国为争夺中原霸权，战于鄢陵。这场战役楚国败了，很多人把责任归咎于楚国主将公子子反，他们的论据有两点：

第一，大战开始前，楚国国内对于这场仗该不该打，持有两派意见。以子囊（公子贞）为代表的一派，认为这一仗不该打，因为楚国与晋国之前有签订和平盟约，现在捐弃盟约、与晋国争霸，是不仗义、不道德的行为。以公子子反为代表的另一派持反对意见，认为：敌利则进，盟约不盟约无所谓，只要这样做对楚国有利就行。最终楚共王批准了公子子反的提议，这才有了鄢陵之战。可以说子反的观点是恶之初的起因。

第二，大战爆发后，楚共王被魏锜射瞎了一只眼。公子子反想整顿再战，但晋军放楚国俘虏回来，瓦解了楚国军心，楚国陷入了一个比较不利的局面。楚共王想找公子子反商量对策，结果子反喝了谷阳给他的酒，沉醉不起。于是，找不到人商量的楚共王自己就先撤了。楚王一撤，军中就跟着出现逃兵，楚军自然被打得节节败退。最终楚国败了，而一切都怪在子反因酒误事。

综上所述，不难看出，公子子反固然对鄢陵之战的失败负有责任，但是最大的责任人绝不是公子子反，而是楚共王。就拿第一点来说，大战前公子子反只是那个全然不顾盟约的提议人，最终定夺的还是楚共王。如果楚共王一开始就接受子囊的提议，那么就没有鄢陵之战了。至于第二点，大战爆发后，子反醉酒确实误事，但是楚王在楚军中，那么楚军的最高统帅是楚王，而不是子反。结果楚共王见势不妙一声不吭就撤了，楚国士卒当然也就跟着跑路了，所以在第二阶段把楚国往沟里带的人依旧是楚共王。而且，楚共王之所以会被魏锜射瞎一只眼，那基本是他自找的。要知道在鄢陵大战的准备阶段，楚国的第一神射手养由基在君前演练，一箭百步穿杨却遭到楚共王怒斥其过于炫技。接着，楚共王下令养由基背着空箭篓去打仗。直到鄢陵大战中晋将魏锜射瞎了楚共王一只眼，楚共王才下令给养由基发箭矢，让其加入战斗。整个鄢陵之战从开始到结束，楚国失利责任最大的，莫过于楚共王。这点就连楚共王自己都不否认。

楚军撤退到瑕地的时候，楚共王派人去跟公子子反说："过去楚军失利都由主将来承担罪责，那是因为过去几次国君都没有在军中，而这次寡人在军中。所以鄢陵之战的失利不是将军的过错，是寡人的过错。"听了这话，如果你是公子子反你多半会借坡下驴，实际上，当时晋国、齐国、秦国等国的将军要是遇上这种情况，也会如此。但是楚国的将军却极为例外，公子子反的回答是："君赐臣死，死且不朽！臣的士卒在这次战役中确实有人逃遁。这次的失败是臣的失误。"

好个"君赐臣死，死且不朽"，这话和"君要臣死，臣不得不死"完全是两个概念。后者是一种无奈，而前者是一种荣耀。虽然这种荣耀的本质，其实也是一种无奈，一种背锅侠的无奈。楚国那些死在公子子反之前的败军之将又何尝不是背锅侠！拿楚成王时期的城濮之战来说。楚国败了，败在当时楚国令尹子玉身上，谁让他执意要打这场仗，却又没有指挥好这场仗呢！多数人觉得楚成王是无心跟晋国人打城濮之战的，因为在开打前他老人家就带走了楚国最为精锐的王卒。子玉手上除了自己家族的私卒，只有申、息两县的县师以及若干楚国下属附庸国的军队。之前我们说了，楚国的县师也是楚王的直属部队，而楚国的那些附庸国军队何以聚集而战，自然也是因为楚王啊。楚成王真心不想打这场仗？怕是楚成王徘徊在打与不打之间，才会把两支县师和附庸国军队交给子玉吧。

楚国一直有一个怪圈，楚军得胜了，最大的荣耀和功劳属于楚王；楚军败了，责任却大多由主将来承担。大部分的楚人也不会因为楚军的失利而埋怨楚王。这点中原人正好相反，比如泓水之战中宋国输给了楚国，宋国国内大部分人都埋怨宋襄公打仗迂腐。而城濮之战楚国输了，楚人却只责怪子玉，并没怎么埋怨楚成王。这不仅仅是因为楚成王打仗水平本来就比宋襄公高很多，更是因为楚成王远比宋襄公会驭人之术。城濮之战的失利，使楚国在逐鹿中原的争霸道路上输给晋国一筹。在晋国看来，城濮之战后，楚成王因为申、息两县之师在战役中死伤惨重而赐死子玉是自毁长城，毕竟千军易得，一将难求。但是从楚国内政来看，楚成王这步棋没有走错。因为申、息二县原本是申、息二国，在楚成王父亲楚文王时才被并入楚国，划分为县。申、息之民实际上是新楚人，按着楚人之法，覆军杀将。如果楚成王不赐死子玉，他何以告慰申、息二县之民，又何以展现一视同仁，达到聚拢人心的目的呢。城濮之战，楚成王的背锅侠算是找得恰到好处。

所以鄢陵之战失败后，公子子反这个背锅侠是做也得做，不做也得做，谁让他是主将呢！公子子反延了两天还没有引咎自尽，他的同僚子重就派人催他说："我们楚国之前那些败军之将的故事，你都知道吧。你还是尽快为自己打算打算。"公子子反也是明白人，知道子重是派人来催他自尽的，于是答复道："就算没有之前那些将军的例子，我也会自尽的。败军之将，岂敢忘死。"说完，他就自挂东南枝了。

客官，穿越到楚国想要当将军的你，做好了当背锅侠的准备了吗？

千万别以为楚国这条覆军杀将的规矩，只有春秋有，战国也是一样的哦。楚怀王六年（公元前323年），为了送流亡在楚国的魏国公子高回国去当太子，昭阳率楚军伐魏，大败魏军于襄陵（今河南睢县）。而后，楚军又占领了八座城池。昭阳乘胜追击，移兵向东准备伐齐。齐王派出了陈轸去昭阳那儿当说客，陈轸以画蛇添足的故事点拨昭阳说："如今将军辅佐楚王攻打魏国，破军杀将，夺其八城，兵锋不减之际，又移师向齐，齐人震恐，凭这些，将军已然扬名天下了。而在楚国你的官爵已经再无可封了。楚国之法，覆军杀将，你现在就算再打胜仗也没有什么可封的，如果打了败仗却难逃一死。我劝你现在还是收手吧，不然你的所作所为就跟画蛇添足一样！"听了劝告的昭阳立马班师回国。可见变法失败的楚国到了战国还是有覆军杀将之法，而这条规矩也无形中成了楚国的负累。

任何举措都有利有弊，覆军杀将之法于楚国来说是把双刃剑，利是这条规定在春秋时期一定程度上遏制了公族世卿的发展，终春秋一代楚王的地位一直高高在上，从未被真正动摇过；弊是这规定在战国又一定程度上遏制了楚国的发展。

没有成功变法的楚国对你来说也是把双刃剑，一方面穿越到楚国，因为没有成功变法，所以旧贵族的地位很高，只要穿越对象选得好，你想混个将军真不难；另一方面，楚国的将军看似风光无限，但是好当不好做。你呢，除非能保证百分之百打胜仗，不然哪怕你赢了九十九场只输了一场，都要为那场失败引咎自尽哦。

穿越需谨慎，一步错，步步错。诶，客官你怎么脸色不好啊？

有秦谍"展亩"，字"邦"

当你准备出门去看电影《007》系列时，突然房间里的电话响了起来。你刚接起电话，电话那一头传来了不可思议的声音："展亩，子于何处？速归！"正当你瞪大着眼，尚未知是怎么一回事时，你的知觉被迅速剥夺了。当你醒来，你已经神奇地穿越到了商鞅变法后的秦国。

你的新身份是秦国的左更，氏展，名亩，字邦。左更是你的爵，你真实的职业是秦国的一名间谍。间谍，是一门历史悠久的职业。先秦时代，人们也把间谍称为"谍者""谍人""邦谍""国号＋谍"（比如秦谍）等。那会儿间谍头子也叫"士师""侯正""侯""侯者"。按着秦简记载，战国时期你所效力的秦国，其间谍头子叫作"侯"。

在公布这次秦国间谍头子"侯"为什么急急召唤你前，请容我给你掰扯一下"谍"这种职业的分类。先秦时代，间谍的主要作用和现在差不多，一是刺探敌方军情机密等；二是潜入敌人内部搞搞离间。按照《孙子兵法》所说，间谍可分为五类：因间、内间、反间、死间、生间。

因间，即利用敌方人员，通常是乡人做间谍。

内间，指诱使敌国的官吏做间谍。

反间，这就比较有意思啦，按着《孙子兵法》的记载，是指诱使敌方的间谍或其他人反为我方所用，制造内讧而伺机取胜。但是唐代给《左传》做疏的孔颖达说："兵书有反间之法，谓诈为敌国之人，入其军中，伺侯间隙以反告己，军令谓之细作人也。"在这里，反间也指潜入敌方刺探情报、机密，进行扰乱、颠覆活动的人。

死间，简而言之就是死士。他们的工作就是制造并散布假情报，通过我方间谍将假情报传给敌间，诱使敌人上当，一旦事情败露，自然难逃一死。

生间，顾名思义是必须确保最后能够活下来的人。他们的任务是必须活着回去报告敌情。

这五间之中，反间最难用，但是秦国人反间用得最好。在赵国，秦国通过收买赵王身边的宠臣郭开，不仅让赵王弃用老将廉颇，更是杀了一代将星李牧。在齐国，秦人的反间计已经修炼到了满级，达到不费一兵一卒、不毁一城一池而屈人之兵的最高境界。经过秦人多年经营，当齐王建亲政的时候，齐相后胜和齐国的入秦使者都被秦国人收买了。不得不说，后胜这人真是没白花秦人的钱，这个买卖实在太值了。在后胜的劝导下，齐王建不但不和其他诸侯国搞连横抗秦，反而和秦国交好。当时齐秦关系友好到，齐国人不修攻战之备，不助五国，坐视赵、魏、韩三国被灭。在赵、魏、韩三国灭亡后，齐王建才有一点点唇亡齿寒之感，但是他也没因此听从即墨大夫联合三晋遗老、义士抗秦保齐的建议，最后面对从西而来的秦军，他老人家干脆开城投降。秦国的间谍活动，不仅瓦解了六国的抗秦联盟，还成功地让六国因为内部人员的互相猜忌而自毁长城。

秦谍除了上面提到的光荣战绩外，还有悠久的历史。他们拥有极高的职业素质，即使赴死也要完成任务。在晋成公当政时，晋国人就曾抓到一名秦谍，并把他在绛城的市集上给绞杀了。晋国人以为把秦谍杀了就没事了，万万没想那个被绞杀的秦谍过了六日竟然苏醒过来。而后，这名秦谍成功从晋国逃回秦国，把他掌握的讯息汇报给了间谍头子"侯"。从此，秦谍的名声远播天下。而对秦谍的处理，晋国人也吸取了教训，认识到了补刀的重要性。

想来在这样一个威名远播的部门，从事这样有挑战性的工作，你现在一定很激动吧。但是激动归激动，作为秦谍，出外行动一定要慎重。第一不要暴露，第二不要被敌人渗透，第三要有一颗爱岗、爱国之心，死不要紧，但是死也要把任务给完成。

下面就公布间谍头子"侯"给你的任务，其实很简单，就是到楚国去，和秦国安排在楚国的常驻间谍伊森碰头，收集完情报回来。这个任务说简单也简单，说难也难。虽然"侯"已经将伊森在楚国的情况告诉了你，他是楚国令尹昭阳的门客，现居昭阳府中，但你到了楚国，如何混进昭阳府和伊森碰面，获得他的信任呢？之后又如何把掌握的情报带回来？这一步步走来其实并不容易。

也许你会说："这有什么难度，我又不是没看过《007》《碟中谍》系列，我知道该怎么做。一般两个间谍接头肯定会对暗号，对完暗号，他自然就该信任我了。混进令尹府那就更简单，我可是秦国的左更，总有些特殊技能或魅力吧，要不怎么能混到左更这个位子呢。我想我可以凭自己的才能去楚国令尹昭阳那儿做门客，然后就可以和伊森碰头了。"如果从主角光环出发，你任何的脑补都可以成立，但从现实角度来讲，就算你能对上暗号也不一定就能取得对方的完全信任。要知道这世上既然有间谍活动，那就有反间谍活动！另外，混进昭阳府做门客也不是那么容易的事，你确定你有足够的能力和魅力吗？别以为你开口说"在下展亩，字邦，自秦国而来，曾……曾拜公孙起为师，研习兵书"，就有香车宝马以及各种软萌可爱的妹子倒贴。你还是别脑补了，电影和现实不一样。事实上，"侯"确实会给你安排去楚国用的车，也确实是白色的宝马车，只是这车肯定不会是有四个排气管的白色宝马车，而是由四匹白马拉的轩车。想开些吧，其实"侯"待你也算不薄了，驷马轩车在那个时候可是很高的一个待遇。当你驾着驷马轩车来到楚国，我相信不少楚国妹子会对你投怀送抱。因为那会儿能坐驷马轩车的人，基本都是达官显贵，他们肯定不是小富之人，而是大富啊。

不过呢，个人觉得当你驾着驷马轩车来投奔昭阳的时候，还是不要说自己是马车的主人，最好也不要介绍自己是秦国的左更，也许说自己是车夫会比较好。不然，一个拥有驷马轩车的秦国左更跑来当昭阳的门客，可不是件寻常的事，一定有所图谋。你可能不了解，昭阳虽说是一个大户，但你也不是一个小户。左更，这个爵位在秦国军功爵①里排行第十二，是属于比较高的爵啦。要知道，秦昭王命王陵发兵围攻赵国邯郸之时，王陵的爵不过是五大夫。所以，你确定你是跑来当昭阳的门客，而不是找他来申请"政治避难"？换言之，当你说出自己在秦国的爵位后，表示因仰慕楚国令尹昭阳，所以弃爵跑来当昭阳的门客，你觉得昭阳会信你？就算昭阳是楚国的令尹，他的门客待遇很不错，但也不可能好过秦国的左更啊！

如果你一定要说你是马车的主人，是秦国的左更，那么你就不要说自己是跑来当门客的，只说你在秦国得罪某人或者犯了什么事情，不得已才逃到楚国来申

---

①秦二十等爵，起于商鞅变法，以奖赏军功，共分为二十级：一级公士，二级上造，三级簪袅，四级不更，五级大夫，六级官大夫，七级公大夫，八级公乘，九级五大夫，十级左庶长，十一级右庶长，十二级左更，十三级中更，十四级右更，十五级少上造，十六级大上造，十七级驷车庶长，十八级大庶长，十九级关内侯，二十级彻侯。

请"政治避难"的。这样呢，昭阳在听你狠狠地黑了一遍秦国后，他或许会欣然接受你。反正燕国太子丹在听完了败兵而逃的秦将樊於期对秦国的一番斥责后就收留了他。

最终你成功以门客或者其他身份混进昭阳府，又花费一番气力找到了伊森。且慢，你觉得伊森这样的老秦谍会和你一样，单凭对一下暗号就轻易地相信你，然后把自己在楚国收集的情报一五一十地交接给你？最后你就靠脑子记住那些内容回到秦国，汇报给"侯"？这完全不现实啊，摔！你难道不怕隔墙有耳，泄露机密吗？幸好你的搭档伊森是专业素质极高的老秦谍，可不会像你这样粗心大意。这时，兴许你会想："隔墙有耳怕什么！大不了咱找个没人的地方密谈嘛。我可是看过《无间道》的！"可惜《无间道》帮不了你，昭阳府不可能有那样高的大楼和天台啊！

你心里可能会忍不住嘀咕："我又不是一个只会照搬电影不会灵活运用的人，没有天台，找处荒野或者密室什么的总可以吧，总之，不会被人发现啦。况且出自他口，入得我耳，不会有第三个人知道，也不会留下任何证据。"亲，不是小柳吐槽，你真的能一字不漏地记下所有内容吗？或许少量的信息你能记得牢，但信息量一大，你确定你脑容量够吗？再者，就算你都记得住，但口说无凭。回到秦国汇报时，你拿什么证明情报出自伊森，而不是你肆意编造的？最重要的是，你或许遗忘了一点：你凭什么认定伊森肯和你一起聊天，并口述他得到的情报？难道就因为谍战片里两个间谍一会面，就会有一段很炫酷的对白？

来，咱一起来脑补。先来个言情版的。

伊森不开心："明明说好三年的，三年之后又三年，三年之后还有三年，都快十年了。我在楚国都快十年了！我什么时候能回秦国去啊！"

展亩忙安慰："岂曰无衣，与子同袍。你的情况，我会和侯说的。"

额，为什么有种奇怪的氛围？

亲，赶紧醒醒！尽管你穿越了，也不要入戏太深。事实上，伊森根本不会跟展亩你谈心，在他确认了你的身份后，大概只会递给你几个阴符。所谓"阴符"其实是最早的军事代码，使用起来也很简单，双方各执一半，验定真假即可。阴符依长短的不同，代表着对应的情报。因为上面没有文字，即便敌人缴获了，也不会知道是什么意思。所以等你拿到无字天书阴符之后，你就可以伺机找个合理的理由抽身，从楚国回秦国了。回到秦国后，你也不用替间谍头子"侯"犯愁，担心他老人家看不懂阴符，因为他肯定比你懂。对了，古人使用阴符的时候，配合使用的还有阴书。所谓"阴书"，就是将一份完整的情报，写在三处，分别送出。换句话说，也许你并不是"侯"派去楚国和伊森碰面拿情报的唯一秦谍。

秦谍听起来很神秘、很炫酷，而且这个职业成就非凡，为秦一扫六合提供了不少便利，但真不是一般人能做好的。不要因为现代人的盲目自信而被古人摆了一道哟。

生当做贵族，死亦有人唱《黄鸟》

"生当作人杰，死亦为鬼雄！"穿越到先秦时代当不了人杰不要紧，最要紧的是一定要当贵族。哪怕你穿越成平民也要努力往贵族圈里扎，千万不要穿成奴隶！为什么呢？因为只有当贵族，你死了才有人给你殉葬，高唱《黄鸟》[①]！若是不小心穿越成奴隶，摆脱不了奴隶这一身份，那你这辈子就只有被人驱使，给人殉葬的份儿了。

客官你要不信邪，小柳只好带你走一遭了，放心，这是免费服务，小柳可是很善良的。唔，秦穆公刚刚去世，咱现在穿过去，正好可以围观他的葬礼。

到了，且站稳。你听这哀鸣之声从何而来，定眼看去，却是将要殉葬的奴隶在命运面前发出的无奈悲号。这乌压压的一群人，马上就要成为亡魂，长眠于此，在地下常伴穆公，服侍左右。

《黄鸟》云：

交交黄鸟，止于棘。谁从穆公？子车奄息。维此奄息，百夫之特。临其穴，惴惴其栗。彼苍者天，歼我良人！如可赎兮，人百其身！

---

①即《诗经·秦风·黄鸟》。

交交黄鸟，止于桑。谁从穆公？子车仲行。维此仲行，百夫之防。临其穴，惴惴其栗。彼苍者天，歼我良人！如可赎兮，人百其身！

交交黄鸟，止于楚。谁从穆公？子车针虎。维此针虎，百夫之御。临其穴，惴惴其栗。彼苍者天，歼我良人！如可赎兮，人百其身。

这样的人殉制度，在今天看来实在难以接受，可它却真实地上演过。

客官，你干吗用你那圆滚滚的双眼圆滚滚地看着我，你这是恢复啦。你问《黄鸟》写些啥，怎么听不太懂？好吧，小柳只好使出撒手锏了，给你来个通俗易懂的版本：

交交黄鸟哀啼着，在枣树枝上驻足。是谁给秦穆公做殉葬？子车奄息命运乖。谁不赞许好奄息，他百夫之中一俊才。众人悼殉临墓穴，胆战心惊痛活埋。苍天在上请开眼，坑杀好人该不该！如若可赎代他死，百人甘愿赴泉台。

交交黄鸟哀啼着，在枣树枝上驻足。是谁给秦穆公做殉葬？子车仲行遭祸灾。谁不称美好仲行，他百夫之中一干才。众人悼殉临墓穴，胆战心惊痛活埋。苍天在上请开眼，坑杀好人该不该！如若可赎代他死，百人甘愿化尘埃。

交交黄鸟哀啼着，在枣树枝上驻足。是谁给秦穆公做殉葬？子车针虎遭残害。谁不夸奖好针虎，他百夫之中辅弼才。众人悼殉临墓穴，胆战心惊痛活埋。苍天在上请开眼，坑杀好人该不该！如若可赎代他死，百人甘愿葬蒿莱。

客官你也不要再悲伤了，历史已成，咱也无法更改。你很疑惑明明有一大群人殉葬，这《黄鸟》怎么就只写了三个人，他们是谁？

且听我道来。秦穆公死后，按着史书的记载一共有一百七十七人给他殉了葬。而在这些人中，只有奄息、仲行、针虎这三个人让秦人难以释怀，他们是为了悼念这三位才作了《黄鸟》之歌。因为这三个人可不是奴隶，而是秦穆公身边的大臣，他们既能干又贤德，却不幸成了秦穆公的殉葬者。所以他们的死才让秦人惋惜不已。不过呢，悼念归悼念，惋惜归惋惜，这三人的死其实怪不得秦穆公。因为他们和那些身不由己殉葬的奴隶不一样，他们是自愿的。俗话说饭可以乱吃，话不能乱说，马屁更是不能乱拍。这三人会上殉葬名单，是因为秦穆公死前曾宴请群臣饮酒，席间兴起他就说："咱们君臣，生时同乐，死后也能一起同哀该多好。"秦穆公这么一感慨，其他的大臣倒是没怎么响应。结果，奄息、仲行、针虎这三个人特实诚，立刻回答说："我们陪君上同生共死。君上，我们永远支持您。哪怕是下黄泉，我们也跟着您。"子曾经曰过："言必行，行必果。"作为一个士，一个贵族，一个堂堂大丈夫怎么可以说话不算数呢！所以，秦穆公死后，这三个人兑现了诺言跟着一起下了黄泉。

　　你看两千多年前的大丈夫真是不好当，相比之下小女子倒是轻松不少。要知道孔老夫子的德行教导，一般都是针对男子汉大丈夫的，小女子嘛，就算没做到"言必行，行必果"也可以网开一面。楚昭王曾经带着他喜欢的蔡国妹子和越国妹子出游，幸甚至哉之际，他也跟秦穆公似的对身边两个妹子说："当下和你俩在一起，真是很开心。若死后，我们还能在一起就好了。"蔡国妹子不假思索地讨好道："君上，瞧您这话说的，我本来就是小国诸侯之女，承蒙您的宠爱才有今天的好时光，我当然愿意和君上您同生共死啦。"轮到越国妹子的时候，她委婉地拒绝了。越国妹子拒绝的理由是，国君活着应该多想想如何治理好自己的封国，而不是去想那些有的没的。虽然越国妹子说的不无道理，但是与表示愿意和君上同生共死的蔡国妹子比，不用说你猜也知道日后肯定是蔡国妹子比越国妹子得宠。得宠归得宠，出来混早晚都是要还的。楚昭王死后，他的兄弟就找到蔡国妹子说："那啥，你之前不是说要和君上同生共死嘛。现在我们君上死了，你也应该一起下黄泉吧。"蔡国妹子顿时傻眼了，哭着嚷着就是不肯殉葬。几个大老爷们见状，也没好意思继续逼蔡国妹子去死。毕竟古话说的也是"士为知己者死，女为悦己者容"，男女要求不一样，若几个大老爷们真的把一个妹子活活逼死，他们脸面也挂不住啊。更关键的是，蔡国妹子身份不低，起码在辈分上并不比楚昭王的兄弟低多少。楚国在春秋那会儿也不是完全没有杀殉，楚灵王死的时候，大臣申公就杀了两个陪侍过楚灵王的女儿来给楚灵王殉葬。蔡国妹子也算是比较幸运，楚昭王的兄弟们后来也没怎么逼她，就这样活了下来。倒是之前婉拒楚昭王的越国妹子主动陪君上赴死。楚昭王的兄弟被越国妹子主动殉死的行为给感动了，一致认为"母信者，其子必仁"，什么样的妈妈教育出什么样的娃，越女可以如此高尚地主动为君上殉死，想来她的儿子品德也是好的。于是，楚昭王的兄弟们拥立越国妹子的儿子做了新君。顺便说一下，这越国妹子的出身也不低，她是越王勾践的女儿，不过此时她爹貌似亡国，尚未复国。

上面两个例子中，殉葬者皆是贵族，他们选择殉葬一部分是出于感情因素，另一部分则是为了贵族的荣誉或者利益。奄息、仲行、针虎这三人是为了自己的名誉和过往君臣之间的恩义；而越国妹子一来是为了昔日夫妇间的情义，二来则是为了自己儿子日后的前程。贵族尚且身不由己，以身殉葬，奴隶就更别提了。

奴隶殉葬根本就不存在愿意与不愿意，身份卑微之人，丁点由不得自己。春秋战国时期，无论哪个国家，只要是奴隶，那都和牲口归在一起，毫无人权可言。

如果你不慎穿越成了楚国的奴隶，那么好消息是楚国相比中原诸侯来说不是很流行人殉，春秋初期楚国的人殉数就比同时期的其他诸侯国要少，进入战国后楚国基本就没有了人殉；坏消息是，在楚国当奴隶是一辈子的事情，因为在变法失败的楚国，可说是奴隶永远不会有翻身的机会。

　　若你穿越成秦国的奴隶，也是既有好消息又有坏消息。先说坏消息吧，秦人祖先作为东夷的一支，在人殉这事儿上，同其他几个和东夷有关的诸侯国一样比较热衷。春秋时期，秦国的人殉数和其他诸侯国相比是有过之而无不及；到战国时期，秦国人殉现象仍然存在，只是人数上少了许多。好消息是，秦国经过商鞅变法后，奴隶确实有了翻身做主人的机会。秦人的军功爵制从第一等爵的公士开始算起，一共有二十个等级。只要斩杀一敌，就可得爵一级。如此一来，奴隶也可以通过军功赎身。只是按着《商君书·境内》篇的说法，一伍之中如有一人战死，其余四人即获罪；如有二三人战死，其所在团队中其他人的罪名也会加重。将功折罪的唯一方法就是杀敌。这样一推算，一人战死，须杀敌一人来补罪；二人战死，则须杀敌二人。一个秦人要想得到"斩一首爵一级"的奖赏，必须在斩杀敌人的数量中扣除了己方死亡人数后，方能获得。这么看呢，一个秦国奴隶想通过军功来赎身也不是件容易的事情。

　　但机会总是有胜于无的，军功爵制给秦国下层的士庶百姓，甚至奴隶，编织起了一个"大秦梦"。要知道自由对奴隶的诱惑胜于一切，足以驱使他们为之奋战。公元前73年，古罗马就爆发了其历史上规模最大的一次奴隶起义，而起义的领导人斯巴达克斯在起义前曾对同为奴隶的角斗士伙伴们说："宁为自由战死在沙场，也不为取悦贵族们死于角斗场。"公元前356年和公元前350年，商鞅在秦孝公的支持下两次进行变法。变法后的秦国直接把沙场变成了角斗场，把角斗场变成了一个功名场。奴隶为了自由而战，而自由无外乎就是摆脱奴隶的身份。军功爵制的诞生给奴隶提供了合法获得自由、博取功名利禄的机会。某种程度上讲，秦国确实不存在永远的奴隶了。也许正因为这样，秦国对待奴隶相比其他诸侯国来说，待遇不是最差的，起码在秦国一个奴隶主要杀自己的奴隶还得去官府打个申请。虽然这是一个过场式的申请，但也好过没有吧。另外，在秦国，奴隶可以告自己的主人，只是非公室告，官方不予受理。什么是公室告呢？指的是比较严重的刑事犯罪，即杀伤他人或者盗窃他人。

　　相比其他诸侯国，律令在秦国的执行力度无疑较高，尤其针对特权、贵族阶级而言，更是如此。所以，这两条保护奴隶、限制奴隶主妄为的规定，大概也就只有秦人会去遵守且执行。换了楚国，一个贵族处理自己的奴隶根本不需要去走那些过程。事实上，在楚国，一个大贵族教训一个寒士恐怕都不需要走什么程序，只要一个理由就可以了。比如张仪尚未闻名天下的时候，他曾经投到楚国令尹昭阳那儿做门客。后来呢，昭阳丢了一块玉怀疑是张仪偷的，他就让手下打了张仪数百下。注意啦，昭阳仅仅是怀疑哦，并非确定。在楚国，犯盗窃罪是要黥面的，可不是打几百下就能了事的。因此张仪绝对不是窃玉之人，昭阳让人打他单纯是因为他怀疑而已，那几百下妥妥地是私刑。在楚国，屈、景、昭出身的大贵族可以仅仅因为自己的猜疑就对一个寒士动用私刑，那么他们对自己的奴隶又会好到哪里去呢。

　　张仪在楚国的境遇不算是最倒霉的。事实上，喜欢动用私刑的绝不止楚国的贵族，张仪老家魏国的大贵族们也是如此。来秦国发展取得功名的人，除了商鞅、张仪、李斯等人外，还有应侯范雎。而范雎在他的故乡魏国的境遇，那简直是血泪史啊。范雎原本是魏国大夫须贾的门客。一次，须贾奉魏王之命出使齐国，范雎也跟着去了。结果，范雎因为他良好的口才受到了齐王的礼遇，这引起了须贾的嫉妒。回到魏国后，须贾就添油加醋地把范雎在齐国受到齐王礼遇的事情告诉了相国魏齐，魏齐因此怀疑范雎通齐卖魏。于是，魏齐就让手下用板子、荆条抽打范雎，愣是把范雎打得胁折齿断。万般无奈之下，范雎只好装死以求脱身，可魏齐对"死了"的范雎也没有任何恻隐之心，他派人用席子把范雎卷了起来，扔进厕所里。接着，魏齐又让饮醉的宾客，轮番往范雎身上撒尿，故意污辱范雎，借以惩一儆百。这个"惩一儆百"很值得玩味，因为魏齐对范雎所谓的"惩"，其实也没有走魏国的司法程序，他手上根本没有范雎通齐卖魏的实质证据，一切只是源于他的猜想。先秦的士是落魄的末等小贵族，如果连他们在大贵族那儿都得不到足够尊重的话，奴隶过着什么样的生活，我想不用多说，你也可以想象。良禽择木而栖，最终范雎在郑安平等人的帮助下死里逃生潜到了秦国。在秦国，范雎得到了秦昭王的尊重和重用。

也许今天的人们看先秦史会觉得秦人很刻板，秦国和其他诸侯国相比好像没有什么特别绚烂的文化，就连秦国推崇的法家思想，它的诞生地也不是秦国。如韩非子、商鞅、吴起等这般法家大师，他们的故土都不在秦国，而在三晋。最早实行变法的诸侯国也是三晋中的魏国，可以说三晋地区是法家思想的发源地。可三晋对法家思想的贯彻远不如秦国，秦国的制度才是法家思想的最好体现，由法家思想创造出的制度不仅给秦人编织了一个"大秦梦"，也给天下人编织出一个"大秦梦"。

最绚烂的文化表现并不是贵族身上别致的衣裳，也不是贵族优雅的风度举止，更不是贵族口中吟诵的诗句，而是天下人无论贵贱都能有一个进取的机会。秦国贵族的生活或许没有其他诸侯国的贵族来的精致，但是秦国的军功爵制却给了每一个秦人变成贵族的机会。相比其他诸侯国，也许秦人的思想才是最吸引人的地方，它走在时代的最前沿。也正因为秦人统一后，将他们的制度推广到中国每一个角落，这才有日后陈胜的那句"王侯将相宁有种乎"的名言。

人生得意须尽欢

楚国大夫屈原的美食讲座人气爆棚，都没地儿坐啦。中山国的美酒正在打折清仓，要不来点？听说韩娥姑娘要在雍门开演唱会，赶紧去瞧瞧……

舌尖上的先秦

......

稻粢穱麦，挐黄粱些。

大苦咸酸，辛甘行些。

肥牛之腱，臑若芳些。

和酸若苦，陈吴羹些。

胹鳖炮羔，有柘浆些。

鹄酸臇凫，煎鸿鸧些。

露鸡臛蠵，历而不爽些。

粔籹蜜饵，有餦餭些。

瑶浆蜜勺，实羽觞些。

挫糟冻饮，酎清凉些。

华酌既陈，有琼浆些。

归反故室，敬而无妨些。

——《楚辞·招魂》

吃货朋友看过来，这可是记载在《楚辞》里的食物哦。让我们来细数一下屈家家族聚会时，都准备了哪些好吃的。唔，主食有大米、小米、新麦和黄粱，再来看看菜肴，酸甜苦辣咸各种口味样样俱全，有炖得软烂的牛蹄筋、名声响亮的吴国羹汤、清炖甲鱼、火烤羊羔、醋熘天鹅肉、煲煮野鸭块、滚油煎炸的大雁和小鸽、卤鸡、大龟熬的肉羹和用来蘸着吃的甘蔗糖浆。除此之外，还有甜面饼、蜜米糕、麦芽糖这样的点心，更备有上好的美酒、蜂蜜供人饮用。最特别的是，屈家这样的贵族有专人负责藏冰，因此可以将酒糟榨出来的清酒冰冻，以供饮用，这样的凉饮不仅香醇可口，而且饮之遍体清凉。这般生活品质，比之现代也不差啊，人家可是把天鹅肉拿来醋熘了！

屈夫子可不只在《招魂》篇写了大量的美食，《大招》里同样有哟。吸溜吸溜口水，咱接着看屈夫子跟咱分享的美食清单。

五谷①六仞，设菰粱只。鼎臑盈望，和致芳只。内鸧鸽鹄，味豺羹只。魂乎归来！恣所尝只。

鲜蠵甘鸡，和楚酪只。醢豚苦狗，脍苴蒪只。吴酸蒿蒌，不沾薄只。魂兮归来！恣所择只。

炙鸹烝凫，黏鹑敶只。煎鰿膗雀，遽爽存只。魂乎归来！丽以先只。

四酎并孰，不涩嗌只。清馨冻饮，不歠役只。吴醴白蘗，和楚沥只。魂乎归来！不遽惕只。

妥妥的都是吃的，屈夫子可谓战国第一美食达人啊。五谷粮食高高堆起，盛得满满的雕胡米饭②等着享用，所以主食方面你一点都不用担心，虽然种类没

①王逸注："五谷，稻、稷、麦、豆、麻也。"
②雕胡米，是菰（茭白）的种子，又称菰米。

有如今繁盛，但大米、小米少不了。再看肉食，鼎中烹煮着各种美味，再加上调好的五味，散发出诱人的芳香。肥美的鸧鹒（黄鹂）、鸮鸠、天鹅一起放进鼎里烹煮，一旁还备有鲜美的豺狗肉羹用以品尝。除了这些，你还能吃到新鲜的大龟、甘美的肥鸡、楚国的酪浆、略带苦涩的狗肉、猪肉酱以及用香菜茎、香蒿做成的酸菜等。而且还供应火烤乌鸦、清蒸野鸭、烫鹌鹑、煎炸鲫鱼、炖煨山雀……貌似，长翅膀的都能拿来佐酒，管它是天上飞的乌鸦、天鹅，还是地上跑的肥鸡、野鸭。美食当前，诱得人食指大动，不过怎能少了酒呢。四重酿制的美酒、吴国的甜酒、楚国的清酒——满上，美酒美食，才是惬意人生。

咱人呢，走哪都带着一个胃，吃喝从来是头等大事。总要吃饱喝足，才能干劲满满不是？吃饱和吃好是两回事，虽然屈夫子已经带领我们见识了无数美食，但是穿越到先秦后，你的食物清单究竟有哪些呢？

穿越之后，有些寻常食物已在清单之外了，比如你吃不到葡萄、西瓜，也尝不到玉米，更别指望能佐点辣椒吃饭啦。因为这些都是后世才传入中国的。想吃葡萄，那要等汉武帝派人培育出来才行；想吃西瓜，起码你得穿越到五代十国；至于辣椒和玉米，对不住啦，你得穿越到明朝末年以后啦。和后世相比，先秦时期的食材没有那么丰富，但也绝不匮乏。虽然没有葡萄、西瓜、辣椒、玉米、黄瓜、西红柿、土豆等外来果蔬，但是枣、栗、榛、柿、瓜、桃、李、梅、杏、山楂、梨、菱、棋等水果，你可以随便吃。蔬菜也有很多，比如葵、芹、菖蒲、蕨等等。

还是从主食开始说吧。先秦时期虽然没有玉米，但是你可以吃到黍、稷、稻、麦、麻、豆等。黍、稷是先秦时期人们普遍食用的主食，尤其是稷，那可是五谷之长哦，其中品质最好的黍、稷也称"嘉谷"。按着清代段玉裁给《说文·禾部》作的备注，所谓"嘉谷"，其实就是小米。

稻在南方算是比较常见的主食，而在北方，麦作为主食则更受欢迎。说到麦，不得不提到中国历史上第一个，也是唯一一个掉进茅坑爬不出来的国君——晋景公。他老人家在掉茅坑前一直很想吃麦饭，于是令人献上新麦。好不容易新麦到了，厨子做好呈了上来。可惜晋景公命中注定无福消受啊。面对香喷喷的麦饭，晋景公正要开吃的时候，竟然闹起了肚子。然后，晋景公一口都没有吃，立马跑去如厕。再然后就没有然后了，悲催的晋景公掉茅坑里再没能爬上来。可怜的晋景公到死也没吃上想吃的麦饭。

麻，即麻结出来的子，可以食用。这个还真不知道滋味如何，估计现在很少有人尝过了吧，不过早些年，倒是还用麻线纳千层底呢。至于豆，这是战国以后的称呼了，此前它叫作"菽"。据《史记》载，早在轩辕黄帝时，我国就已经在种植大豆了。所以你穿越过去以后，或许可以提前把豆腐发明出来，这样就有新鲜的嫩豆腐可吃了。运气好的话，你还可以诱拐西施卖豆腐哟。

再来看看肉食。说起来，先秦时期的肉食种类那可是相当多的。在两千多年前，你不仅可以在江汉平原上看见成群的犀牛，而且还可以亲睹长江里不计其数的白鳍豚。那当然啦，先秦时期自然环境良好，许多现在濒危的保护动物在那会儿一点也不稀罕呢。《吕氏春秋·本味篇》上说，这天下最好吃的肉呢，莫过于猩猩的唇、獾獾的脚掌、燃鸟的尾巴肉、述荡这种野兽的手腕肉、弯曲的旄牛尾巴肉和大象鼻子。而最好吃的鱼呢，则是洞庭的鳙（yōng）鱼、东海的鲕（ér）鱼、醴（lǐ）水的一种叫朱鳖的鱼以及萑（huán）水的一种叫鳐（yáo）的鱼。但这些食物中最让世人难以忘怀的，不是猩猩唇也不是洞庭的鳙鱼，而是熊掌。孟子曾经曰过："鱼，我所欲也；熊掌，亦我所欲也，二者不可得兼，舍鱼而取熊掌者也。"一朝穿越成先秦时期的贵族，你就可以吃到特有的珍馐美味啦，美哉！

当然，平民也不用担心没有肉吃。那个时候人们已经驯养了猪、羊、牛、马、鸡、鸭等家畜。猪肉已经算是比较常见的肉类，即使没有野味，但还是可以沾到荤腥的。

肉食吃多了不利于身体健康，还是来点蔬菜消化消化吧。不吃蔬菜的孩子，小心被妈妈揍哟。咱来看看可以吃到哪些蔬菜。

首先，就是葵啦。这里的葵可不是明朝中后期才传入中国的向日葵，而是一种天然无污染的绿色蔬菜，是古代人民菜单里的常见食物。在古籍中，葵被誉为"百菜之主"。当时，葵的品种很多，见于记载的有冬葵、荆葵、菟葵、蒸葵、戎葵等，而其中，现在仍在普遍食用的则为冬葵。这里的冬葵，为葵菜的别称，又叫冬寒（苋）菜，按收获季节可分为春葵、秋葵、冬葵。它口感顺滑，既可人工栽培，又可野外生长，实是居家出行的必备良品。

芹，也是先秦时期的常见蔬菜。《吕氏春秋·本味》云："菜之美者，云梦之芹。"不过它可不是根茎肥美的西芹，而是如今的水芹。另外还有菖蒲、荷（藕）、芥、葑（曼青）、菲、韭、山葱、山蒜、蕨菜、荼（苦荼）、笋、荇菜、薇等蔬菜可以食用。先秦时期，许多植物还处在栽培驯服的过程中，你可以见到它们最原始的面貌哟。

肉食、蔬菜都有了，那就开始烹饪吧。

不过小柳得提醒你，穿越之后，无论你有幸成为贵族还是不幸成了平民，铁胃是必备的。因为先秦时期，人们料理食物的方式和饮食习惯都很有特点。先秦的料理方式有炙、炮、煮、蒸、煎、脍、渍、醢（hǎi）、脯、熬、羹等等。

炙和炮都是将食物架火上烧烤，但是过程却有差别。炙，就是将肉直接洗净烧烤，而炮则是连皮毛带肉用泥裹了一起烤，也不用什么容器。周代八珍之一的炮豚，就是火烤乳猪。它的制作方法就是选一头小猪，把内脏取出洗净，往肚子里填进红枣，再用苇子裹好，最后在外面涂上一层泥，才开始用火烤。等外层的泥烤干后，再拨开泥层，去掉皮肉上的薄膜，用米粉糊刷一遍。接着，把涂好米粉糊的肉放进油锅里炸，炸到金黄色为止，再起锅加香料，最后用文火炖上三天三夜就可以吃了。对了，吃炮豚的时候，一般都要配醢或醋。至于它的味道，小柳没尝过。不过，子曾经曰过："食不厌精，脍不厌细。"想来这道菜制作工序如此烦琐，味道应该相当不错才是。

煮、蒸、煎，这三种烹饪方式和现在差不多。只是，先秦人在煎食物时，通常会丢一块膏（动物油脂）在里面。彼时没有浓油赤酱的炒菜，也没有重辣口味，吃的食材都是绿色食品，某种程度上讲先秦人吃得还比较健康。不过麻烦的是，在先秦生活患上寄生虫病的概率比较高，所以穿越前记得多带打虫药。另外，穿越到先秦的你呢，一定要学会钻木取火。如果你实在无法掌握这项技能，可以用一种叫金燧的工具来生火。只要把金燧放在日光下，在其周围放置艾、绒之类的可燃物，将太阳光线聚在金燧底部的尖处，它就会遇光自燃。要是你嫌弃这样麻烦，穿越前带足打火机或火柴就好啦。

脍，同样是先秦时期的一种料理方式。许多人想到脍，第一反应是鱼脍，也就是生鱼片。先秦时期，鱼脍确实是一道常见菜。做这道菜呢，北方一般常用鲤鱼，南方的话，因为鱼类比较多，所以选择也多。如果你穿越到吴越地区，那就有口福了，可以试着捕一条鲈鱼，然后切片吃鲈鱼脍。其实脍作为一种料理方式，材料自然不限于鱼类，其他肉类也可以。西汉马王堆出土的《遣策》

中就有用牛、羊、鹿、鱼做脍的记载，想来也是对先秦饮食文化的继承。对饮食考究的先秦人来讲，吃新鲜的生鱼片或者生肉片须得配上佐料才行。按着《礼记·内则》的说法，吃脍食呢，一般春用葱，秋用芥。在辣椒没有传入中国以前，我们五味中的辣味也叫辛味。如果你是一个无辣不欢的人，要么穿越前自备辣椒，要么就只有多就吃一点芥、花椒这样辛味重的东西来解馋了。哦，对了，如果你还喜欢吃甜食，你穿越过来还得自备一些蔗糖。先秦时期还没有结晶的蔗糖，要吃糖只有麦芽糖。

先秦人除了喜欢脍以外，还喜欢一种名为"渍"的料理方式。渍，就是选新鲜牛肉，将上面的血管和筋膜剔除干净，然后切成薄片，放入美酒中浸泡一夜。天亮后，就可以开吃啦。对了，吃的时候蘸些梅醢或醋会更加美味哦。

而醢呢，其实就是酱啦，早在西周时期，其种类就已经十分丰富了。基本上前面我们提到的肉类都可以做醢，比如牛醢、鹿醢、鱼醢等；果蔬也是一样，如梅醢、桃醢、豆醢等。比较有特色的醢是蠃醢、卵醢、蚳（chí）醢。千万别以为古人落伍，没有吃过螺肉酱和鱼子酱。蠃醢，其实就是用田螺做的哦，而卵醢，就是现在流行的鱼子酱啊。不过古人的做法和现代人的做法肯定不一样。所以，两千多年前的鱼子酱什么味道，我也不知道，穿越的你倒可以尝尝。接下来要说的蚳醢，这是你穿越了也不一定能吃到的醢，除非你成为周天子。《周礼·天官》曰："蚳醢以供天子馈食。"这道专供天子食用的美味是用什么做成的呢，你一定很好奇。首先蚳醢的蛋白质含量很高，其次现代人还真不太敢吃，但是贝尔·格里尔斯一定很喜欢，因为蚳醢就是用蚂蚁的卵或幼虫加调料制成的酱。

除了醢以外，还有各种脯。脯就是肉干或干燥脱水的瓜果，基本上也是什么肉都可以制成脯的，比如鹿脯、羊脯、牛脯等；而果脯呢，则有桃脯、杏脯等。

熬呢，不是将食物久煮，而是把牛、羊、鹿、猪等动物的肉去掉皮、筋骨、膜和血管，然后将其捣烂，再用桂皮、生姜、盐等调料腌制，最后放在芦苇编织的帘上晒干。如果你想要口感软一点，就将晒干的肉加醢煎而食之，当然也可以直接将干肉捣软即食。

羹一直是一种很受欢迎的食物，上至国君下到庶民无不对它青睐有加。羹的做法呢，就是把肉或者菜切好，加些谷物和调料一起煮，直到熟烂浓稠就可以开动了。一般来说，羹离不开肉，那会儿比较有名的羹有芹羹、白羹等等。芹羹，是加过芹菜的肉羹，根据选用肉类的不同也可以叫狗芹羹、雁芹羹等等。白羹，就是掺和了稻米的羹，同样可以根据选用肉类的不同称作牛白羹、鸡白羹等等。

佳肴在案，享受美食之余，把酒言欢方能尽兴。

《诗经·小雅·瓠（hù）叶》云："幡幡瓠叶，采之亨之。君子有酒，酌言尝之。有兔斯首，炮之燔（fán）之。君子有酒，酌言献之。有兔斯首，燔之炙之。君子有酒，酌言酢（zuò）之。有兔斯首，燔之炮之。君子有酒，酌言酬之。"这里献、酢、酬一个轮回下来，谓为"一献"。也许你会问什么叫献、酢、酬。按着古人的饮酒礼，主人向宾客进酒，谓之献；宾客还敬主人酒，谓之酢；主人先自饮，然后劝宾客饮酒，谓之酬。越是位居高位，越是要有好酒量，天子飨宴诸侯那可是有九献的哦。好在蒸馏酒出现以前，酒的度数一般都不高。喝多一点，不一定会醉，但是肚子肯定会被涨到不行。如果你穿越过去，有人请你喝酒，千万不要迟到，因为迟到了是会被罚酒的。罚酒，用的是一种叫"经程"的大型饮酒器。

如果请你喝酒的人来自中山国，又恰好叫"狄希"的话，你可千万不能迟到，因为罚酒一经程可能会醉到二十一世纪的哟。根据晋代干宝的志怪周刊《搜神记》记载，狄希会酿造一种叫"千日酒"的佳酿，喝了这种酒可以醉上一千日。当时州里有个人姓刘，名玄石，喜欢喝酒，便去狄希那儿讨酒喝。狄希一开始担心他会醉死，没让他喝，但是刘君执意要喝，狄希只能放任。结果，刘玄石一杯醉三年。虽然"千日酒"不大可能让人一醉千日，但是中山国的美酒却是名声在外。

中山国立国于春秋末期，其酒在当时极负盛名。自中山国在公元前 296 年被赵国灭了以后，中山国的酿酒技术就被赵国吸收，赵酒也跟着闻名天下了。《淮南子》里有一句话叫"鲁酒薄而邯郸围"。这个故事说的是，在楚国做天下霸主的时候，赵人和鲁人都送去了美酒。赵国的酒醇厚香浓，鲁国的酒比之寡淡许多。楚国主酒吏想要向赵人讨要一壶美酒，结果却被赵人拒绝了。这个小心眼的主酒吏出于报复，故意将赵酒和鲁酒调了包。于是，楚王本应饮到的香醇赵酒变成了寡淡的鲁酒，而寡淡的鲁酒却成香醇的赵酒。一气之下，楚王发兵围攻了赵国的邯郸。

怎么样，赵国的美酒是不是很吸引人呢。不过记载在《淮南子》里的"鲁酒薄而邯郸围"的故事，并不是历史的真相。事实上，楚宣王会见诸侯，鲁国国君迟到了，而且他带来的酒很淡薄，楚宣王因之发怒。鲁国国君则说："我是周公之后，勋在王室，给你送酒已经是有失礼节，是极失身份的事，你还指责我带来的酒淡，你不要太过分。"说完，鲁国国君就不辞而别。楚宣王的火气这下彻底上来了，顿时觉得鲁国人的行为太过打脸，于是发兵与齐国一起攻鲁。而此时，一直想进攻赵国却害怕楚国乘虚而入的魏惠王，见楚国发兵攻鲁，便不再担心被人背后下黑手，于是放心大胆地发兵包围了赵都邯郸。无辜的赵国就这样因为鲁国酒薄而不明不白地做了牺牲品。

不管怎么样，赵国灭了中山国后所酿出的美酒口碑确实不错。能尝一尝中山国美酒或者赵国美酒也算是不虚此行了。

美酒浅酌，回味悠长。这一顿吃得是宾主尽兴，只是饭毕离席，怎么没有一盏茶汤漱漱口呢？

茶呀，你就别指望了。中国虽说是茶叶原产地，那会儿也不是没有茶树，只是尚未兴起饮茶之风呐。按着陆羽《茶经》的说法，茶在上古时期就有，直到鲁周公时才闻名天下。《周礼》中也确实记载有一个掌茶的官职，但其主要职责是收集茶叶以供朝廷祭祀之用。茶有是有，但是一般情况大家不用于泡水饮用。《神农本草经》载："神农尝百草，日遇七十二毒。得茶而解之。"这么看，茶也算一种万能解药了。

如果你有饮茶的雅好，并且难以割舍，小柳只好建议你选择唐宋了，那时饮茶之风已开始盛行，只是还不流行泡茶而言。要不然，明清也行，要知道明清时期人们的饮茶方式和今天已然较为接近了。

吃货的江湖

穿越到先秦后，你再也不能和朋友一起愉快地围坐在桌前吃饭了。因为呢，一来那会儿没有桌椅板凳，只能席地而坐，将盛放食物的器具，如鼎、簋、豆置于席上就食；二来隋唐以前的人们采用分食制，不会像现在一样合食。也正因为分食制的存在，才出现了"天子九鼎，诸侯七，卿大夫五，元士三"这样的礼仪制度。鼎，在先秦呢，除了用作礼器，还是烹煮和盛贮肉食的器具。天子九鼎八簋，簋同样是一种礼器，但也用来盛放煮熟的饭食。

在周礼中，饮食器具的数量按身份等级的不同有着严格的限制，身份越是尊贵，允许使用的器皿越多。即使在贵族的宴会上，由于身份的不同，为其摆设的器具数量都有所不同，甚至连盛装的食物都大不相同。不仅如此，青铜器这类的饮食器具只有上流社会的人才能使用，可以说是权力的象征，而平民只能用陶制的器具。另外，像鼎这类器具，平民也是不允许使用的。

彼时人们遵循礼仪，不敢僭越分毫，不过到了春秋战国时期，礼崩乐坏，出现许多僭越之举，但也不是全然不讲规矩。比如在饮食方面，贵族们还是十分讲究的。首先，饭前必祭，祭的是当初创造这些食物的人。开吃的时候呢，居于高位的天子，吃一口饭就要跟大家说自己吃饱了，等着陪同的人劝，才继续就食；而诸侯则是吃两口才说自己饱了，等着别人劝才继续开吃；大夫和士可以先吃上三口再说自己吃饱了；至于庶人，那就不用讲究这些了。

在儒家的饮食礼仪中，长幼有序，尊卑有别，人们交往需恪守君臣之礼、人伦之礼和宾主之礼。比如，你有幸同国君共食，那么你一定要严守礼仪，等国君先食而后自己再食。国君赐给的熟食要端坐以待，国君赐下的生肉要煮熟祭祀祖先。如果国君赐下的是活畜，则需把它供养起来。国君没有吃饱撤席，你也不能先行吃饱。另外，陪国君吃饭不能放肆，不得饱食；而和长者一起吃饭时，长者举起酒杯没有先饮，你也不可以自己开喝。同样，吃饭时要敬让长者先食，而且亦要等长者吃完才能停止就食。看见长者给自己酌酒，需走到放酒樽的地方拜受，正是"长者赐，少者贱者不敢辞"也。

不过"长者赐"，似乎得分情况。《吴越春秋·阖闾内传》记载了这样一个故事："吴王有女滕玉，因谋伐楚，与夫人及女会，食蒸鱼。王前尝半而与女，女怒曰：'王食我残鱼，辱我，不忍久生。'乃自杀。"这位小公主不能忍受父亲把吃了一半的鱼分给自己，认为是奇耻大辱，竟然自尽而亡。

作为客人，在主人家吃饭时，你也需要注意行为举止，不可失礼。就席时，如果你身份稍低于主人，那么应先起立，谦称不敢当此席位。等主人起身劝你就座，这时你就可以落座了。如果主人亲自布菜，你得拜谢后再食。主人不布菜的话，你就可以径直取菜开吃。主人尚未吃完，你同样不可以表示已经吃饱了。

进食的时候，有些细节你一定要注意。按着《礼记》的说法，你吃饭时，第一，不要贪吃；第二，不要用满是汗渍的手抓饭；第三，不要多拿饭，拿多了会被人当作贪吃；第四，真拿多了，吃不掉也要死撑，把饭剩下是件挺失礼的事，而且当时也不流行剩饭打包。还有"食不语"，吃饭的时候不要讲话，这既是礼节，也是生活经验的体现。另外，吃饭的时候，嘴里不要发出声音，这样会让主人误以为准备的饭菜不够好吃。调味是主人的事情，作为客人你千万不要自己去调味，否则会当成嫌弃主人家的菜肴味道不好。湿软的肉呢，用牙咬着吃，干肉则直接撕着吃。吃烤肉的时候，也不要大快朵颐，这样会显得很失礼。

谈完饮食礼仪，咱们来看看正常的一日三餐吧。不过与今日大不相同的是，那个时候，人们的饮食习惯是一日两餐，早饭叫"朝食"，也叫"昼食"，晚饭叫"哺食"，也叫"飧"（sūn）。而在秦简《日书》中，早饭又叫"夙食"，晚饭则叫"暮食"。朝食的时间大约在早上九点，哺食则在下午四点左右。由于升火不易，哺食通常是将朝食留下的食物热一热。也正因为一日只用两餐，才会有"日出而作，日入而息"这样的生活。不过作为贵族则不限于一日两餐，可一日三餐；而天子，则可一日四餐。不仅如此，上流人士夏天还能吃到冰呢。古人一般会在冬季把冰凿好，放进地窖，等到夏天再用。负责这个工作的人叫"凌人"，一般由下士担任。正所谓"食肉之禄，冰皆与焉"，只有有资格被赐予肉食的官员，才有资格得到赐下的冰。虽说食肉者鄙，但为了生活品质着想，也不妨做个食肉者。

提到对肉食的喜爱，即使你是一个大吃货，恐怕也不能像楚成王那样热衷了吧，他老人家临死都还念念不忘呢。春秋时期，有一个人特别爱吃熊掌，那就是楚国国君楚成王。关于这位君王，《东周列国传》里有诗云："楚君昔日弑熊囏（同艰），今日商臣报叔冤。天遣潘崇为逆傅，痴心犹想食熊蹯（fán）。"熊蹯，即熊掌。故事是这样的，楚文王死后，他的长子熊艰继位。但是国中支持者却分了两派，一派支持楚王熊艰，一派支持楚文王的次子公子頵（jūn）。长子派打算做掉次子派，结果反而被次子派做掉了。于是，公子頵就顶着"弑兄夺位"

的名声成了新的楚王，即楚成王。楚成王晚年时，十分宠爱自己的小儿子公子职，并且打算改立其为下任国君。况且楚国原本便有些异于中原风俗，在立幼子这事上不是特别在意。而已经被立为继承人多年的长子商臣为了确保自己的地位，对楚成王起了杀念。于是，商臣带着自己的私卒选了一个月黑风高的夜晚兵变逼宫。被儿子逼到绝处的楚成王，在临死前跟儿子说："孤已命御疱烹制熊掌，吃了熊掌，虽死无恨。"结果，商臣的部下潘崇回道："熊掌难熟，王不必拖延时间，请下黄泉去吧。"由此，便多了一个"熊掌难熟"的典故。

想吃吃不到，对将死之人来说可谓糟糕透了。这要放在脾气高傲的自由人身上，那绝对是又羞又恨，搞不好会引发一场大灾难。春秋时期，郑国与宋国开战。宋国主将华元为了鼓舞士气特地宰羊犒军，可惜羊肉羹轮到为他驾车的御夫羊斟时就没有了。于是，没吃上羊肉羹，认为自己被轻慢了的御夫羊斟就此记恨上了主将华元。待到开战后，他出于报复，直接将载着华元的车驾驶向郑国大营。宋国这次算是坑在羊肉上了。不过郑国也没好到哪里去，同样在食物上跌了一跤，只是由羊肉换成了鼋（yuán）肉。一次，楚人送了一只鼋给郑灵公吃。鼋，类似甲鱼，体形很大，据说很好吃。郑国公子家和公子宋都被邀请来品尝美味。公子宋这个吃货一有好吃的，手指就会自己抖动。等到了郑灵公让人炖鼋，大宴群臣的时候，偏偏却少了公子宋的。心里极度不平衡的公子宋则直接走到大鼎面前，伸出指头往里蘸了一下，尝了尝味道，然后大摇大摆地走了出去。这便是"染指于鼎"的典故了。不过这个故事并没有完，后来公子宋联合公子家密谋杀害了郑灵公，郑国还因此发生了一场内乱呢。

除了这个典故外，《战国策》里又补充了一条。虽然《战国策》里的这则故事实在是属于《壹周刊》之类的八卦，缺乏真实度，但不妨说出来给大家乐一乐。讲的是，中山国的国君一次大宴群臣，国中大夫都被邀请了。当时，司马子期也受到了国君的邀请。在宴会上，司马子期想吃羊肉羹没有吃到。于是，司马子期也跟华元的御夫羊斟一样心生怨恨。结果他就跑到楚国去，游说楚王攻打中山国。

由此可见，不满足吃货们的美食欲望会产生多么大的破坏力。

不过呢，有一种情况，即使你不满足吃货，他也无可奈何。这就要参考子木的做法了，虽然他的吃货爹爹一定很讨厌他。子木何许人也，他乃是楚康王时期的楚国令尹。子木的父亲屈到生前特别喜欢吃菱角，以至于临死前再三嘱咐："将来一定要用菱角祭祀我。一定要用菱角啊！"但是呢，按着当时的礼制，祭祀国君用牛，祭祀卿大夫用羊，祭祀士用小猪和犬，平民用煎鱼。从来都没有用菱角的！所以子木上位后，就让人撤掉了祭祀的菱角。不知道他爹爹在泉下会不会臭骂子木这个"熊孩子"呢。

对吃货们而言，怒发冲冠只为吃、大打出手只为吃是再正常不过了，因为吃而报复别人的情况更是举不胜举，甚至有极端的家伙搭上了自己的国家。且不提这些"丰功伟绩"，但吃货们不要太大意了，玩坏别人不说，可不要把自己的小命搭进去，彻底地玩完了。

最有名的一场因吃食而引发的血案，不是由羊肉羹或是鼋肉引起了，而是由一枚小小的果子。据说淮水以南的地方，盛产橘子，橘子在当时可谓是南部特产，算是比较稀罕的东西了。不过稀罕归稀罕，橘子并没有引发什么血案。真正引发血案的，莫过于"二桃杀三士"故事里的桃了。关于这个故事，后世版本颇多，其实故事核心很简单，就是齐景公为了除掉三个功高傲气的壮士，听了晏子的计策，将两个桃子赐给三个壮士，三壮士相争，最后都自刎而死了。

大家都喜欢把故事里的桃子说成仙桃，其实《晏子春秋》的原文也没有给桃子加什么特别的属性，就是普通桃子。桃子虽然普通，却是国君的赏赐，代表了君上的认可。因此他们可不是为了吃到或吃不到而大动肝火，而是为了显示自己的功绩，争夺国君的宠信罢了。

另有一则为吃丧命的故事，不过主人公换成了战国时期孟尝君的门客。孟尝君的这位门客因为在分饭的时候有人遮住了光亮而十分恼火，认为孟尝君和自己的饭食质量不相等，于是放下碗筷就要辞别而去。孟尝君见此，马上站起来，亲自端着自己的饭食给他细瞧。结果那个门客惭愧得无地自容，就刎颈自杀了。

食物呢，在这些故事里已经不单单只是用来吃了，它被赋予了另外一些东西，比如地位、荣耀、尊重等等。所以，你一定要做个快乐的吃货啊，不要做一些意气之举，否则会招来灾祸。

人生苦短，且玩且珍惜

玩乐

光有美食可不能满足，一日复一日的生活，怎么能少了休闲娱乐呢。彼时人们的生活虽不如现在这般丰富多彩，充斥着各种娱乐，但也是有滋有味。《史记·苏秦列传》载："临淄甚富而实，其民无不吹竽鼓瑟，弹琴击筑，斗鸡走狗，六博蹴鞠者。"可见人们劳作之余，很懂得安排自己的休闲时间。

音乐作为人类最早的娱乐活动之一，它的起源，可谓源远流长。早在人类学会用嗓音的高低缓急来表达喜怒哀乐之时，它就已经存在了。传说《击壤歌》便出自三皇五帝时期的帝喾时代，歌云："日出而作，日入而息。凿井而饮，耕田而食。帝力于我何有哉！"这支歌算是我国早期的音乐代表了。

更晚些时候的战国时期，曾出现一位能用歌声打动听者，使其哭，使其笑，心情起伏，不能自已的大家，她就是韩娥。韩娥姑娘的故事，著录于《列子·汤问》中。据说有一次，韩娥经过齐地，很不巧把钱用完了，身上没了盘缠，吃饭都成了问题，情形极为凄苦。这让本来十分低调的韩娥不得不在齐国的雍门前卖唱，她的歌声圆润婉转，神态凄美动人，感动了无数路人。在众多路人粉丝的援助之下，韩娥终于攒够了旅费离开齐国。自她走后，当地人在很长时间内都还记得她的歌声，感觉那美妙的声音似乎总是围着屋梁打转。这也就是"余音绕梁，三日不绝"的出处了。

除了清歌一曲外，你还可以欣赏到不同乐器带来的演奏。根据出土文物及典籍记载，秦汉以前的乐器已有鼓、编钟、镛、钲、磬、缶、磬、铃、雅、簧、哨、埙、箫、管、笙、竽、琴、瑟、筝（秦筝）、筑等。单单在《诗经》中，见于记载的乐器就多达二十九件，包含了弹拨乐器、打击乐器和吹奏乐器。君子六艺"礼、乐、射、御、书、数"，其中就有"乐"。可见古人陶冶情操，少不了音乐，这也造就了不少音乐大家，比如盲臣师旷、击筑师高渐离、圣人孔子，以及"高山流水遇知音"的伯牙等等。这些大家的作品享誉后世，流传至今，《龟山操》《获麟操》《猗兰操》等在历史的长河中静静徜徉了两千多年尚能萦绕耳旁，幸甚至哉。当然随着人事变迁，古曲也衍生出了诸多变化，不过当人们仔细聆听这些古曲的现代演绎时，依然可以听出它们的古韵。反过来想，我们当下的古曲，对于先秦的人们来说相当一部分都是他们的流行音乐咧。所以你若穿越到先秦，能有幸聆听那些原汁原味的古曲，可谓一大幸事。

流于后世的除了这些传世之音以外，还有一些可乐之事，比如"滥竽充数"。南郭先生混迹于战国时期齐宣王的宫廷乐师之中，凭着鱼目混珠的演奏，日子过得十分滋润。可惜齐湣王继位之后，偏爱独奏，这位先生只好跑路了。你若是在齐国宫廷里见到这位先生，可不要太热情，提早把人吓跑就不美了。

音乐能让人身心愉悦，流连忘返，以诗歌相和，岂不是更妙。赋诗呢，作为一项上流社会交际往来的社会活动，自西周以来，广为流传。赋诗言志，可谓是宾主双方在交流过程中用来表达志向的一种常见方式。而所赋之诗，亦可让乐工演唱。这项活动在春秋时期十分盛行，贵族们幸甚至哉之际，多会赋诗一首。光《左传》就记录了三十二次邦交中的赋诗活动，涉及诗文达六十九首。

而且诸侯、士大夫也常常在各类社交场合上诵读《诗经》里面的句子，以此表达自己的观点和立场。所以呢，你把《诗经》背熟才是上上之策，这样在交往中才不落于下乘。

音乐、诗歌都有了，是不是还缺点什么？对了，舞蹈！舞蹈的历史大约和音乐一样悠长，说不清谁先谁后。原始社会，人们敬畏自然，崇尚图腾，每遇祷告或庆祝就对着图腾跳舞，这便是图腾舞蹈。此外，人们把大自然中一切无法解释的现象归咎于神灵，敬事鬼神，进而出现了"巫"这一类与神沟通的人物。巫作为神使，舞蹈是其祈求神降的仪式之一，因此他们在原有的基础上演化出了巫舞。殷商时期，巫觋盛行，人们对鬼神的崇拜达到了一个无以复加的程度，巫舞想是有了不小的进步。及至战国时期，人们对鬼神的迷信大大降低，但在举国尚巫的楚国，你仍能见到规模宏大、形式和内容都相当丰富的巫舞。巫舞之外，还有祭祀舞蹈。如今我们尚能在某些场合见到的《傩（nuó）舞》，最早见于商代卜辞，西周立国后纳入国家礼制，始建傩祭，原是祈求风调雨顺、国泰民安的祭祀舞蹈，宫傩称为"大傩"，民傩称为"乡人傩"。《论语·乡党》载："乡人傩，朝服而阼立于阶。"说是看见表演傩舞的队伍到来，要穿着朝服站在台阶上恭敬地迎接呢。傩舞自西周设傩祭以来，流传自今，已有三千多年的历史了，成了驱鬼逐疫、祭祀先人的民族舞蹈，已列入我国第一批国家级非物质文化遗产名录。

这些神秘的舞蹈你看得过瘾不，是不是意犹未尽呢，不要着急，这还没完呢。音乐、舞蹈的交织才是最棒的歌舞，而集大成者，莫过于西周乐舞。周代重礼，建礼乐制度，并搜集前人遗存的优秀乐舞，包括黄帝之《云门》、尧之《大咸》、舜之《大韶》、虞之《大夏》、汤之《大濩（huò）》及周之《大武》，总称"六舞"，用于祭祀。其中，被孔子评为"尽美矣，又尽善也"的《大韶》你可一定不能错过，能征服圣人，让其发出这样的感慨，想必一定是稀世之音了。

若是你不幸五音不全，又对音乐没有多大兴趣，听音乐会就像听催眠曲，那还有一些别的娱乐你或许会喜欢。有主意了，既然音乐、歌舞都不能博你一笑，不如来看喜剧表演吧。战国时期，已经有一种专门表演谐戏的职业，称之为"俳（pái）优"。俳优和侏儒扮演的小丑负责表演搞笑节目、歌舞杂耍，很受上层社会喜爱。《韩非子·难三》载："俳优侏儒，固人主之所与燕也。"《孔子家语》亦云："奏宫中之乐，俳优侏儒戏于前。"由此可见，君主对俳优和侏儒带来的轻松娱乐也十分偏爱呢。

欣赏完声色以及娱乐表演，你不准备舒展舒展筋骨吗？鼓瑟吹笙、弹琴击筑之余可不要忘了锻炼身体哟。秦汉以前，体育竞技类的休闲活动有许多，诸如畋猎、赛马、走犬、斗鸡、角抵、蹴鞠、射箭、技击、击剑、投石、超距、投壶、六博、围棋等。

畋猎，即是狩猎。作为贵族生活的一部分，畋猎自然很受欢迎。老子《道德经》云："驰骋畋猎，令人心发狂。"老子这话虽说是劝诫世人不要放纵，凡事有度，但也可以探知畋猎魅力非凡，十分容易使人沉迷其中。这项相当耗费体力，却又显得英姿勃发的运动，是不是很适合用来锻炼呢。

说起赛马，田忌赛马的故事，想必大家都还有几分印象。这个故事除了展现孙膑的机智和以长补短的重要性外，还透露出一个讯息——战国时期的贵族时常举办赛马比赛，场面还颇为浩大。时人将赛马分为三个轮次，三局两胜不说，还可押注。所以那会儿的赛马也就是现在的赌马啦。这样一看，田忌将军不仅是一个赛马迷，还是一个赌马迷呢。你要有幸见到他，没准还能和他赌一把呢。

走犬，俗称"猎兔子"，什么意思呢，就是在狩猎中，放出你的猎犬去追赶小兔子。只需你一声令下，矫健的猎犬就会扑向目标。走犬也可以说是畋猎的一部分。

斗鸡，同样是一个古老却又长盛不衰的游戏。它最早见于《左传·昭公二十五年》："季、郈（hòu）之鸡斗，季氏介其鸡，郈氏为之金距。"季平子和郈昭伯两人斗鸡，季平子想了个办法，他将芥末撒在鸡的翅膀上（或云以胶漆其羽毛），使这只鸡看起来像穿了铠甲，而郈昭伯呢，则为鸡套上了金属爪子。季平子自然是输了，两人还因此结怨，最后成为生死大敌。你若与人斗鸡，不妨也将鸡修饰一番，如果担心遇到输不起的人双方结下梁子，那还是观看斗鸡比赛吧，这也应该蛮有趣的。

角抵，俗称"相扑"，原本是上古战争中的一种搏斗手段，亦是军事训练的一部分，后来逐渐走进竞技场，成了人气最旺的观赏游戏之一。这项游戏，虽起源于上古，但在秦汉才变得普遍流行起来，因此呢，你若想着偶遇他人角抵，还不如自己策划一番呢。

如果你不爱看相扑比赛，更不喜欢赌马，对走狗、斗鸡之流也没有兴趣，那有一项运动，我想你多半不会拒绝，那就是踢足球啦。虽然现在的国足比赛看着很闹心，但是两千多年前的华夏大地，若论蹴鞠，也就是踢足球，放眼世界，可谓所向无敌。因为我们玩蹴鞠的时候，别的国家还没得玩呢，中国可是最早玩足球的国家。

在战国时期，蹴鞠比赛如同当下世界足球杯一样受人欢迎。蹴鞠作为一项人气超级旺的运动，在齐国的都城临淄格外兴盛。蹴鞠的出现满足了人们充实休闲生活的需求，它迅速成为人们喜爱的运动之一。人们通过蹴鞠锻炼身体之余，还将其发展成为训练士兵体格，提高战斗力的一项运动。《史记·集解》引刘向《别录》曰："蹴（tà）鞠，兵势也，所以练武士，知有材也，皆因嬉戏而讲练之。"估计那会儿的蹴鞠和现在一样也是互攻互守的游戏，而且还得排列阵形。不过，蹴鞠大量见于记载，却是汉代的事情了。等到汉末，蹴鞠已经成为家家户户练身消遣、丰富休闲生活的重要内容了。

射箭作为一项传统技艺，从古至今，从未丢失过。它在冷兵器时代充任远程攻击手段，自然是需要加以重视和学习的。况且"射"也包含在君子六艺中，可算作是贵族的一项常规技能。不管是闲时打猎，还是战时出征，只要掌握这项技能，自然走到哪都不怕。若是别人邀你射箭，你却不会，岂不难堪？不过你若是妹子，自然无须忧虑啦。

技击、击剑、投石、超距这些项目，都是军事类的训练内容了。技击乃是一种兵技，用于战场搏斗。剑，在冷兵器时代被誉为"百兵之君"，既用于战场，也用于自身防卫。从《吴越春秋》所载"越女论剑"的故事中，可知击剑已经发展出一套理论，剑术也为君王所重视。金庸小说《越女剑》正是根据这一记载改编而成。投石，则是一项投掷运动，用以锻炼臂力，颇为类似体育项目中的掷铅球。传说秦国大将王翦就曾以"投石、超距"训练士兵。超距呢，则是一项跳跃运动，亦用于训练军士。《东周列国志》第一百八回："如此数月，士卒日间无事，惟投石、超距为戏。"所以呢，这些项目就比较辛苦啦，若能坚持，想必自会有一番成就。

除了以上这些户外运动外，室内休闲项目也很多，其中最为流行的当属投壶、六博和围棋了。投壶，是宴饮时的一个助兴游戏，也是宴会礼仪的一部分。别的游戏，你不会最多被人说无趣，这个不会就有些失礼了。春秋时期，诸侯们设宴都会安排这个游戏。《礼记》《大戴礼记》皆作《投壶》篇对其进行专门讲述。投壶礼来源于射礼，举行时，宾主双方轮流以无镞之矢投于壶中，每人四矢，多中者为胜，负方饮酒作罚。所以这游戏你若不会玩的话，很可能会被罚酒罚到泪奔。

六博，乃是一种一直流行到汉代的游戏，算是带有一点赌博性质的桌游。战国时期的一套完整六博棋具包括栒（棋盘）、棋（棋子）、箸（骰子）。其中棋有十二枚，分为黑、红或黑、白两组。每方六枚棋中有一枚称"枭"或者"骁"，余下五枚称作"散"，也有把散称作"卢""雉""犊"的。所以呢，棋子也有一大五小这种情况，以区分枭、散。箸，每套博具中有六根，行棋前要先投箸，据投箸结果行棋。

玩法呢，见于记载的有两种：一种叫"大博"，一种叫"小博"。咱只管看大博的玩法就行，因为汉代之前流行的都是大博的玩法。首先，双方在栒上自己一方的曲道上排好六枚棋子，然后拿六根箸当骰子。对博的时候，双方轮流投掷箸，然后根据掷得的箸的正反数量行棋，数越大，行棋步数越多。棋子行到规定的位置即可竖起，改称为"枭"。《楚辞·招魂》云："成枭而牟，呼五白些。"指的就是棋子竖起成了枭。这枚"枭"可以吃掉对方的棋子，吃得越多得到的博筹就越多。所以《韩非子》有言："博者贵枭，胜者必杀枭。"彼时喜欢玩六博的人很多，不仅《韩非子》和《楚辞》提到了这个游戏，就是《史记》里，也频频出现它的身影。

围棋，古称"弈"，它在中国的历史相当悠久。《孟子·告子上》载："今夫弈之为数，小数也。不专心致志则不得也。弈秋，通国之善弈者也。"可见围棋实在太流行了，以致在孟子生活的时代就已经出现了一些职业围棋高手，如同弈秋，闻名诸侯国。除了《孟子》，《左传》《论语》等书中也有大量关于围棋的记载，因此我们很容易了解到，围棋在春秋战国时期已经十分盛行了。当然围棋的群众基础之广，是其他游戏无法比拟的，所以它成为最受欢迎的游戏之一一点都不奇怪。即使到了今天，围棋作为国粹，仍然吸引着大批的传统文化爱好者。

伍

先秦宅文化

跪坐是先秦人的基本修养和必备技能。所以待客之时，哪怕您已经坐得腿抽筋了，但还是得坚持，不然就会显得您态度轻慢，对客人不够尊重。

没带"跪得容易"，穿什么越

起居

自周公旦建礼乐以来，人们遵循礼制，言行举止皆有尺度，不敢僭越。然周平王东迁后，天子势微，诸侯壮大，礼乐之制亦在相互征伐的大动荡时代逐渐崩毁。原本"礼乐征伐自天子出"也变成了"礼乐征伐自诸侯出"，社会秩序分崩离析。不过纵使遭受大洗礼，仍有许多礼仪沿袭下来，融入日常生活中，成为人们丢不掉的习惯。所以即使你有意穿越到春秋战国，感受冷兵器时代的诸侯争霸、大国兼并，抑或是百家争鸣的灿烂先秦文化，也不要大意地不做任何准备，挥一挥手就潇洒地进入乱世，小心因为不懂礼数和常识，闯出大祸哦。

举个例子，假使你去别人家做客，那么有一点你一定要谨记：入室前须得脱掉鞋子。千万别像一些影视作品中那样，直接穿着鞋就往屋内走。要知道，穿鞋入室是很不礼貌的行为，也是对主人家的不尊重，因此后果相当严重。尤其是当一个身份略低的人穿着鞋走进上层贵族的居室，那绝对会让主人家当场翻脸。至于主人家要怎么进行惩处，那得看你进的是什么级别的贵族之家了。

如果你不知道主人家的身份等级，那么教你一招，你入室前可以先观察他家有没有屏风。屏风这样的摆设在后世并没什么稀奇之处，但是在彼时能拥有屏风的人家，必然是大户，而且身份很不一般。"天子当屏而立"，原本屏风此物在周平王东迁前，只有周天子才能用，东迁之后，屏风才从天子之堂来到诸侯之室。等到进入战国以后，屏风又才慢慢走入卿大夫家。总之，室内架有屏风的人家，来头一般不会小。所以你千万别穿着鞋子进入这样人家的室内，不然后果真的是很严重啊。你要是不将小柳之言放在心上，大大咧咧就穿着鞋子进去了，一定会为此付出沉重的代价。

脱鞋入室的习俗，除了中原各国默默遵守以外，连楚国这种地处南方的诸侯国也不例外。《左传》里记载了这样一个故事：楚庄王听到申舟被杀的消息，一甩袖子就站起身来急忙往外跑，随从人员追到寝宫甬道才让他穿上鞋子，追到寝宫门外才让他佩上剑，追到蒲胥街市才让他坐上车子。不仅故事里的楚庄王在室内不穿鞋子，你去到的任何一个诸侯国的国民都是如此，因为上至贵族下至平民在室内都是不穿鞋的。要知道在先秦，"赐剑履上殿"可是殊荣。所以你穿越之后，无论去谁家都要记得脱鞋，这可是基本的礼仪。可不要因为对方是平民就胡来，轻视别人可是会阻碍你的穿越之行哦。

另外，身份低的人入王侯之室或者公卿之家不仅要脱鞋还得脱袜。如果脱了鞋子，却穿着袜子入王侯之室，后果同样很糟糕。《左传》就写下了这样一则故事。故事里，出奔到宋国的卫出公修建灵台，宴请大夫们饮酒，褚师声子却穿着袜子登上座席。卫出公一看不得了，这分明是不把自己放在眼里，当即发难。褚师声子解释道："我不是故意不脱袜的，是因为脚疾才如此。让君上见到我那异于常人的脚，实在是对您的不敬。"卫出公听了更加火大，即便众位大夫出言相劝，却丝毫不见效果。褚师声子出去之后，卫出公用手指着他咆哮道："这么没规矩，必须斩断你的脚！"听闻此言，褚师声子在马车上对司寇亥说道："今日侥幸不死，实在幸运。"不过褚师声子高兴得太早，卫出公回国以后，出于报复，下令削去了褚师声子的南氏邑，而司寇亥则被连带撤去职位。

褚师声子作为一个贵族，不脱袜子入席尚且被君王责难，险些被剁掉双足，后来更是被小心眼的卫出公打击报复。你要是大摇大摆地穿着鞋子进君侯之堂，后果会怎么样，我就不用多说了吧。穿越之后，你须记住当时的习俗：为表示对主人的尊重，宾客入室不仅要脱鞋，还得脱袜子。

礼仪总是和生活习惯密不可分。先秦时期既没有凳子也没有椅子，人们只能席地而坐。如果大家都穿着在外面走过的鞋子进入室内就座，一来会把别人家的地给弄脏，二来也会把自己的衣服弄脏。至于为什么会把衣服弄脏，那是因为古人的标准迎客坐姿是正坐，即跪地而坐，臀部放于脚踝，上身挺直，双手规矩地放于膝上。标准的正坐也就是跪坐。跪坐，这可比跪还累人，所以穿越之前，建议你先在家里练习一段时间的跪坐，适应了再去，再不济就多带两个"跪得容易"（护膝）。为什么这么说呢，你在家试着跪坐个把小时就知道了。

跪坐，可是一件相当累人的事情。跪坐时间一久，绝对会双腿抽筋的，放现代人身上，一般能坚持一小时就十分不错了。至于古人，他们跪坐的战斗力可比我们强多了，毕竟天天坐嘛。但是跪坐时间久了，他们也会腿抽筋的。韩非子就曾记载过一个这样的八卦消息。说是晋平公和他的大臣叔向商量事情，由于叔向这人实在太能说了，而且他跪坐的技能点很高，以至于晋平公跪坐得腿痛脚麻，甚至抽筋了。但晋平公出于礼貌以及维持一个君主的风度，不得不正坐以待。晋国人听说这件事后，都说："叔向真是个贤人，你看晋平公对他十分有礼，就算腿脚抽筋也不敢不正坐。"

这故事告诉我们，跪坐是古人生活中的必备技能和修养，哪怕你已经坐得腿抽筋了，但你还是得坚持跪坐。不然，待客之时就会显得你对对方不够重视。不过跪坐确实很累啊，有没有办法可以舒缓一下呢？自然是有的，不过这还得分情况。假使你去拜访别人，而主人家和你关系比较亲密，抑或是你的身份比主人更尊贵一些，那么你在坐得腿麻之时，就可以提议说："要不我们居一会儿吧。"

　　什么是"居"，"居"就是"蹲"的意思。跪坐久了，蹲着聊聊天也是一个不错的主意。没准儿聊得起劲了，膝盖还能碰到一起呢，"促膝而谈"那可是好基友的福利哟。如果"促膝而谈"不管用，你的腿还是很麻，这时，你要么继续忍耐，要么就申请去站一会儿。不过不管是站着还是继续蹲着，千万不要受不住了直接臀部着地，双腿放直就坐了下去。这种坐法叫"箕坐"，箕坐在当时是很不礼貌的行为。因为先秦时期人们穿的裤子都没有裆啊，所以当你箕坐的时候，不可避免地就走光了。这也再次印证了基本的礼仪必然和生活息息相关。

　　箕坐这种行为被人看见的话，肯定会对声誉有所影响。如果是男子箕坐，少不了被指责一番不懂礼数；如果是女子箕坐，情形则可大可小，糟糕点的，遇上矫情的丈夫就有可能会被休弃。这里说一个《韩诗外传》上关于孟子的八卦新闻。传闻某日，儒家亚圣孟子出门了，孟子的妻子独自一人在屋里待着，见室内无人，就伸开两腿箕坐了起来。孟子回家后，没打招呼就径直进了屋，结果正好就看见妻子箕坐走光的样子。

　　顿时，孟子就怒了，麻溜地跑到他妈妈那里，告状说："母亲大人，我好失望啊，我的妻子一点儿都不讲礼仪，请允许我休了她吧。"孟母就问："为什么？她犯了什么过错？"孟子继续道："母亲大人，她在家里箕坐，都走光了。"

孟母就纳闷地问："儿啊，你怎么知道的？"孟子很激动地说："我亲眼看见的！"

孟母叹了一口气，道："这就是你没礼貌，不是儿媳没礼貌。《礼》上说：'将入门，问孰存。将上堂，声必扬。将入户，视必下。'《礼》上这样说，就是为了不让别人没准备就迎客。今日你回家的时候，儿媳应该正在休息，你进屋前没有敲门，她当然没有任何准备了，所以才会让你看见她箕坐的样子。这事说来是你无礼在先，并非是儿媳没礼貌！"

听完了母亲的教育，孟子也意识到自己的错误，再也不敢提休妻的事儿了。不得不说故事里孟母对礼的领悟要比孟子深刻得多。遇到孟母这样通情达理的婆婆，做儿媳的想必会感到十分宽心，而有孟子这样的丈夫，做妻子的恐怕多少有点心塞的感觉。毕竟，被撞见一次箕坐，就差点被休，这对妻子来说难免有些苛刻了。

练习完跪坐之后，你还可以顺便学学如何打地铺。秦汉以前倒不是没有床，只是那个时候的床和唐代的胡床一样，主要作用是坐，而不是睡觉。所以呢，穿越之后你一定要习惯打地铺。如果你非要睡在床上，也不是不可以，因为信阳楚墓中就曾出土过一件战国时期的矮足漆床。这张漆床足高约 19 厘米，床长 230 厘米，床宽 139 厘米。单看这漆床的大小，想来足够你睡在上面了。事实上，那会儿可能也有人睡床的，据《左传》记载，楚宋交战的时候，楚庄王领兵包围了宋国，战局对宋国越来越不利，宋人便派大夫华元在夜里潜入楚营。成功潜入的华元上了子反的床，把他叫起来，说："我们国君派我来把宋国的困难告诉你。现在我们城内已经出现易子相食、折骨为炊的情况。如果最后楚人兵临城下逼我们签订盟约，就算让国家灭亡，我们也不会就此认输。但如果楚军撤离我们三十里，那么我们宋国就一切听命于楚国。"刚被叫醒的子反迷迷瞪瞪地与华元定了盟誓，之后将情况汇报给了楚庄王。楚军果然退兵三十里，宋国就此与楚国讲和。故事里子反睡的床，可能就是上面说到的漆制矮床，但也可能是一般的卧榻。

另外，先秦时期，人们和现在一样，睡觉时少不了枕和被。不过那会儿，被子叫"寝衣"。如果你不小心穿越成奴婢，你的主人吩咐你说："帮我拿一下寝衣。"你千万别去箱子里翻找衣服，他说的是被子。

再有，你的穿越之行，一定要习惯早睡早起。太阳落山以后，古人可没有电灯照明，万籁俱静，还是洗洗睡吧。不是说古人没有照明工具，只是呢，在先秦你不仅没有电灯可用，也别指望能用上蜡烛就是了。要知道，寻常百姓"何当共剪西窗烛"的画面只能出现在唐诗宋词里。而先秦呢，穷人家用火把，贵族则用油灯。类似现在膏状的蜡烛那可是高大上的东西，先秦人根本用不上。即使到了西汉，蜡烛也是贡品级别的东西。到晋代，蜡烛仍然是很昂贵的奢侈品。现代人斗富烧的是"茶叶蛋"，古人斗富烧的是蜡烛。晋代的石崇、王恺两人斗富，石崇就把蜡烛当柴烧借以突显自己是多么的不差钱。换个角度想想，你穿越之前带上几根蜡烛的话，没准卖了可以赚到不少钱呢。

三日具沐，五日具浴

卫生

一想到穿越到秦汉以前的遥远时代中生活，除了少数人兴趣昂扬以外，恐怕大多数人都会直摇头。这理由太多了，数都数不过来，除了吃不惯、穿不惯、睡不好之外，连洗浴都成问题，真是太受罪了。其实呢，古人可不是我们想象中那样受生活条件限制，卫生习惯很差，显得十分邋遢，实际上他们很注意个人卫生的。西周以前的情况比较模糊，暂且不提，但到了周朝，根据传至后世的资料，咱还是能一窥管豹的。

根据记载，人们很早就有了晨起漱口的习惯。《礼记·内则》曰："鸡初鸣，咸盥漱。"意指鸡打头鸣时就该起床洗漱，收拾好自己。"盥"指洁手，"漱"指漱口。想来那个时候条件简陋，大家多半只用清水漱漱口，并没有什么特制的工具。而沐浴在西周时已经形成一种社会礼仪，记录在案，成为国家礼制。它不单单是简单地清洁身体，还被赋予了深层次的含义，成为一种隆重的礼节。凡祭神祭祖之前，人们都要斋戒沐浴，以示内心虔诚，对神灵和先祖无比敬畏。

不仅祭祀前要沐浴，诸侯朝见天子前也要沐浴一番。《礼仪·王制》云："方伯为朝天子，皆又汤沐之邑于天子之县内。""汤沐邑"一词在后世通常被解释为贵族的封邑，但在西周原是指诸侯朝见天子时，天子赐以王畿以内的、供住宿和斋戒沐浴的封邑。说白了，最早的汤沐邑就是一个占地面积巨大、设施多样化、人员齐备的大型洗浴场所。诸侯需在汤沐邑沐浴更衣之后，才能面见天子，沐浴洁身即是对天子的尊重。关于洁身上朝，还有"孔子沐浴而朝"的记载，可算是孔子对沐浴之礼身体力行的佐证了，不过孔子生活的年代周天子权柄衰微，孔子拜见的实是他本国的国君鲁哀公。

至于沐浴之礼在日常生活方面的体现，许多典籍都有记载，如《礼记·内则》云："男女夙兴，沐浴衣服，具视朔食。"说是新生儿出生满三个月这天，家里的男男女女要早早起床，沐浴梳洗，穿上礼服。这一天父亲会为孩子起名，是个重要的日子呢。又《礼仪·聘礼》载："管人为客，三日具沐，五日具浴。"意思呢，就是说你若做东道主，必须为客人提供沐浴的条件，起码要保证人家三天可以洗一次头，五天可以洗一把澡。虽说这样的条件比之现在肯定是十分简陋，但放在当时，已经很不错了。所以呢，不用担心洗澡问题啦，人家古人还是很讲究的。

只是在没有洗发露也没有沐浴露的时代，用什么清洁皮肤呢，不会就着清水洗一洗就算完事了吧？放心，我们的祖先早就发现了一种纯天然、无污染且不含化学试剂的洗发露和沐浴露，那就是淘米水。你不要眼带怀疑、一脸嫌弃，这可是古人智慧的结晶。经过现代科技证实，淘米水中的生物碱去污力非常好，而且还富含多种矿物质和水溶性维生素，据说用淘米水洗浴还可以美容养颜呢。亲，就算不能穿越，你也可以考虑用淘米水洗头，说不定效果比某些大品牌的洗发露还好呢。

洗浴之事，对于寻常百姓而言，过程十分简单。那么贵族呢？作为一个有身份的贵族，他们在洗浴的时候更为讲究些，这在《礼记·玉澡》中就有所记载。

首先，一个合格的君子每天要洗五次手；其次，贵族梳洗时，得用淘过樱的水来洗发，淘过粱的水来洗脸。洗完头后，要用白理木做的梳子梳理湿发。古人的头发长，干了以后发梢会有一些干燥，这时得用象牙梳子再梳理一下。整理完毕以后，你可以喝点小酒，吃点东西，听听乐工演奏，稍稍休息。

贵族洗澡呢，同样有章法。据说要用两种浴巾擦拭身体：上身用细致的葛巾，下身用粗些的葛巾。从浴盆中出来后，要先立在蒯（kuǎi）席上面，用热水冲洗一下双脚，然后再踏上蒲席，穿上布衣以吸干身上的水滴，最后才穿上鞋子。接着，你可以再喝点酒，吃点东西，听听乐工演奏，等你休息够了，就该干啥干啥去吧。现在你应该明白为什么周代的贵族们"汤沐"需要一个"邑"了吧，因为澡堂子里可是备有不少奴隶来伺候他们洗浴啊。所以说，穿越之后的身份一定要选好，一个贵族和一个奴隶的待遇，可是显而易见的天壤之别。

不过虽说自周代以来人们对沐浴之礼就十分重视，但在汉代以前并没有出现"休沐"这样专门放假让官员洗头洗澡的休憩日子。只是人们也会在特殊的日子专门沐浴一番，并且逐渐形成传统，有歌为证："浴兰汤兮沐芳，华采衣兮若英。"《大戴礼》中又有"五月五日蓄兰为沐浴"的记载，说在农历五月初五这一天应该借着兰汤沐浴来给自己驱邪。只是在那时，五月初五可不是一个祭奠屈原的日子，当然也不是祭奠伍子胥的日子。五月初五是恶日，并不是节日。各位想要穿越的亲们，千万要选准日期，可别选农历五月初五出生，除非你想一出生就被亲爹亲妈抛弃。也许这时你会大声吼道："这是亲爹亲妈吗？亲爹亲妈抛弃自己的孩子。简直毫无人性！"放心，绝对是亲爹亲妈。不是亲爹亲妈的话，人家才不在意你是几月份生的呢。因为那会儿流行着五月初五出生的孩子不利父母的说法，所以这天出生的娃很容易变成弃婴。孟尝君就因为在五月初五那天出生，被他爹靖郭君田婴各种嫌弃，田婴甚至跟孩子他妈说："亲爱的，这小子五月初五出生实在太晦气了。不许喂他奶，让他自生自灭吧。"好在孟尝君的亲娘只是口头答应，并没舍得抛弃小孟尝。果然世上只有妈妈好啊。汉代《风俗通》云："俗说五月五日生子，男害父，女害母。"可见这种说法一直延续到汉代。穿越有风险，投胎需谨慎，无论投男胎还是女胎切记不要选五月五日出生哦。

除了洗浴这些个人卫生问题的维持外，有一件事，我想大家一定很在意，那就是怎么解决五谷轮回，咳咳，其实就上厕所的问题啦。古代自然没有抽水马桶，茅坑里定然有些异味，但诸位亲们千万要忍耐，这里上至国君，下至平民，茅房都这个味道。当然，这个世界也没有手纸，要知道蔡伦造纸那可是东汉的事情了，在这之前造纸术并不高明，卫生纸更是想都别想。不过即使蔡伦改进并推广了纸，但唐宋以前尚且没有用纸如厕的记载，那是元明时期才有的福利。所以啦，就算穿越成贵族，你上完厕所，也得入乡随俗，按照老祖宗的方式来。别犹豫啦，挣扎也没有用，赶紧拿起"厕筹"三下五除二收拾了好走人，难不成还想在茅坑里纠结到腿麻，想想那位掉进茅坑的晋景公，那可真是死得憋屈，你也不想步他的后尘吧。

厕筹这个小东西呢，大家听着陌生，但在偏僻的山区或许尚有遗存，抑或是在一些人的记忆里出现过也说不定呢。它其实就是一根削好磨光的竹条或木条，放在茅房里备用。实际上在中国古代，元明以前如厕都是使用厕筹，你嫌弃它也不行啊。所以穿越之后，你还是努力适应吧，大不了把厕筹削得光滑点。

白富美、高富帅，搁哪儿都吃香

穿越之后，除了欣赏祖国的大好河山，体验先民的风土人情，外加围观历史事件之外，你还想做点什么呢？这个嘛，自然是看帅哥美女啊！倾国倾城的妹喜美眉我来啦，烽火戏诸侯为求一笑的褒姒姑娘应该也是个大大的美人，值得一见，不过妲己娘娘才是我的女神、我的真爱，只要能见一见这位被小说、影视作品魔化得分不清是人是妖的大美人，此生足矣。

啊拉，打扰你脑补确实是小柳不对，但小柳只能带你去往春秋战国，妲己是见不着了，但是夏姬、息妫、骊姬、毛嫱、西施、郑旦这些史上有名的美貌女子，你找机会见上一见倒也无妨。另外买一送一，宋文公、弥子瑕、龙阳君、宋玉这些见于记载的美男子，你也可以顺便一窥哦。至于怎么见到他们，这可就得靠你自己了，小柳才不组团刷美人呢。

这些姿容出色的人到底是怎样一个美丽法呢，虽说都被众人追捧，又有"毛嫱、西施，天下之美人也"这样的记载，可万一不符合咱现在的审美呢？要是见到真人之后，吓得小心肝欢腾乱蹦，这岂不是坑爹？

这个你可以稍稍安心，中原古人的主流审美和现代人还是有不少相通之处：一来大家都喜欢白皙的肤色；二来大家都喜欢高个儿；三来大家都追求自然美。

追求白皙的肤色，可谓中华民族的传统审美。正所谓"一白遮百丑"，无论什么时代，人们对美白的追求那可都是矢志不渝的。这份深沉的爱，想必你已经深有感悟了。当然啦，不是每个妹子的皮肤都像嫩豆腐一样水润白皙、吹弹可破，于是为了让自己的脸蛋变白，妹子们少不得在化妆的时候涂脂抹粉，先秦时期自然也不例外啦。鉴于夏姬、息妫这些名誉后世的美人儿名气极大，想来大多都有一把白嫩、掐得出水的好肌肤吧。

关于身高呢，春秋末期的陈成子，也就是田常，他选后宫有一个标准——妹子的身高不得低于七尺。七尺是个什么概念呢，可不是现代的三尺等于一米。周代至秦朝这一历史时期，一尺的长度大概在23厘米左右，七尺差不多就是161厘米。实际上，根据许多考古资料可知，这一时期的女性平均身高大约在155厘米左右，身高七尺的妹子比例应该还是比较小的。想必这位陈成子就凭这条身高要求就刷掉了不少妹子吧。不过这个故事明显透露出一个讯息，那就是古人也喜爱高挑美女唡。

汉子呢，在《黄帝内经》里有"八尺之士""人长七尺五寸者"的记载，按周代的度量算来，八尺为184厘米，七尺五是172厘米。这应该就是古代男子比较认可的身高了吧，但据考古资料显示，彼时男子的平均身高大约在165厘米左右。也即是说，你穿过去后，不仅能见到《邹忌讽齐王纳谏》里邹忌那样"八尺有余，而形貌昳丽"的美男子，还能见到五月初五出生的孟尝君那样的小矮子。

说起战国四公子之一的孟尝君，他的身高可真是一个触之即死的死穴。在影视作品中，我们通常看到的是一个高大威猛的孟尝君，可惜真实的孟尝君身高只有五尺，差不多和武大郎一个级别。每每看见穿越小说中妹子和孟尝君谈恋爱，就会不由自主地把"高富帅"的孟尝君屏蔽掉，自动浮现出妹子和武大郎你侬我侬的画面。

孟尝君这个人呐，不仅人矮，还特别在意别人说他是矮子。据司马迁在《史记》里记载的小道消息称，孟尝君经过赵国，赵国平原君以贵宾之礼相待。赵国人听说孟尝君贤能，都出来围观，想一睹风采。结果见了之后，赵人纷纷嘲笑说："原来以为孟尝君是个魁梧的大丈夫，如今看到他本人，却没想到竟然是一个小矮子。"孟尝君听了大为恼火，立马跳下马车，冲着人群就发起了攻击。随行的人也跟着他一起跳下车来，砍杀了几百人，灭了赵国一个县才离去。所以见过孟尝君之后，妹子你依然为其才华所折服，真心想和武大郎一般的孟尝君谈场旷世奇恋的话，小柳必须得给你一点攻略：切记不要说孟尝君矮，说了也不能传到他的耳朵里去！

关于自然美，按着屈原的大弟子宋玉的说法，这世上最漂亮的人莫过于他家隔壁的姑娘，因为这姑娘论身材，增加一分则太高，减掉一分则太矮；论肤色，涂上脂粉嫌太白，施加胭脂又嫌太赤，真是生得恰到好处。由此可见，古人崇尚自然美，认为不需刻意装扮，一样清丽脱俗，十分美丽。当然这也是属于天生丽质的妹子才可以有的任性。要知道，纯天然的素颜美人，不需要任何装扮就能让人眼前一亮，那还是很少很少的。一般先秦时代的妹子和现在的妹子一样还是需要打扮的，这样才能显得她们更加美丽。虽然妹子们早出生两千多年，化妆技术十分落后，但这并不能阻止她们的爱美之心。

白皙肌肤、高挑身材这些都是对美的诠释，也是古人对美的追求。这种追求正是人类精神文明进步的表现，是健康和谐的。不过为了美丽，苛待自己，损伤身体就不可取了。这里要说的是胖子穿越到楚国的遭遇，哼哼，你最好是瘦完身再去，不然你那一身肉可得让你吃些苦头，因为胖子在楚国是没有前途的。

"楚王好细腰，宫中多饿死"，这个典故你熟悉吧。它最原始的出处在《墨子》，其实不是"宫中多饿死"，而是"昔者楚灵王好士细腰，故灵王之臣皆以一饭为节，胁息然后带，扶墙然后起"。楚国国内那些为了博得楚王待见而勒紧裤腰带，饿得扶墙走的男人们真是太拼了，有没有！不过楚人喜欢身材纤瘦的人，这并不只针对汉子，妹子亦是如此。所以总的来说，在楚国，太胖的人都伤不起。如果你比较胖的话，建议前往楚国之前先行减肥，不过要合理安排饮食哟，别饿得头昏眼花，四肢乏力，走路像踩棉花，那可就太悲催啦，还不如在中原地区自在呢。

西施妹子，能合个影吗

　　嘤嘤嘤，见不了祸国妖姬妲己娘娘，找西施妹子合个影总行吧？小柳你伤害了我脆弱的心灵，硬逼我远远地离开心中的女神，你得补偿我，怎么也得给我和四大美女之首的西施姑娘拍张留影照！

　　这个……小柳还真不知道上哪给你找西施去……可真是为难死了。

　　"一代倾城逐浪花，吴宫空自忆儿家。效颦莫笑东村女，头白溪边尚浣纱。"这首曹雪芹写的《西施》小柳没听过吗，自然是去吴国宫殿找啊，你是不是傻了，要不然去越国找也行啊。再不济，你总看过各个版本的影视作品吧，守在范蠡、夫差、勾践这三人身边总能找到西施！

　　曹雪芹的这首诗小柳自然是听过的，小柳还知道《吴越春秋》和《浣纱记》里的西施呢。《浣纱记》更是被后人编成昆曲，广为流传。故事里，西施作为女主，原是范蠡美丽无双的恋人，后来成为越国复仇的棋子，用以迷惑吴王夫差，并成功上位成为夫差挚爱的美人。故事里的西施活在爱恨情仇中心，可以说是一个具有悲剧色彩的美人。于吴国而言，西施是红颜祸水，亡国的妖姬；于越国而言，她是舍生取义的女杰。是也非也，皆不是真实的西施。这才是小柳想说的重点！她不是历史上的西施，是被加工进故事里的西施！我上哪给你变这么一个人出来？

故事里的西施你就别想了，真实的西施或许还有机会一见。那么，真实的西施是什么样子的呢？

真实的西施，早在吴越争霸之前就已经存在了。春秋初期管仲在《管子·小称》里说："毛嫱、西施，天下之美人也，盛怨气于面，不能以为可好。"在管仲看来，西施和毛嫱都是名满天下的美人，她们虽美，但倘若只美在外表，也不过是徒有其表罢了。《管子》之后，《慎子》《荀子》《韩非子》等皆言西施与毛嫱是天下至美之人。在先秦诸子的记载里，西施俨然化身成为一个美丽的代名词。这些记载比东汉赵晔撰写的《吴越春秋》要早得多，也更可靠。所以西施不可能从春秋早期穿越到春秋末期，并且还参与了吴越两国的战争。而且按照吴越两地的习俗，女子雕题黑齿，也就是在额头刺上文身，并且把牙齿染黑，这显然不符合中原人民的审美情趣，被吴越两国夸耀的美女，在中原断不可能被时人赞誉为"天下之美人"。

另外，在《左传》《国语》里关于吴越争霸的记载中，也丝毫找不到西施的影子，可见《吴越春秋》和以它为原型改编的《浣纱记》里的西施，就像《三国演义》中的另一位美女貂蝉一样，仅是后人艺术加工出来的一个美人。如果说貂蝉的名字来自汉代高级官员的正式礼冠"貂蝉冠"，那么《吴越春秋》中的西施大约只是套用一个古代美人的称呼罢了。

不过即使仅有"西施"这样一个称呼，我们也能推断出不少关于她的讯息。至于为什么说是称呼，而不是名姓。那是因为按着春秋时期称呼妹子的习惯，即地名／谥号／排行＋姓，西施理应姓施，但施这个姓，在先秦时期有三种说法，而这三种说法都不符合西施的情况。一种说法是出自鲁惠公第五代孙，但其出现时间偏晚，和西施最早出现在《管子》上的时间不吻合。另外还有两种说法：一说是来自夏朝时的施国，一说是来自殷商时期七族之一的施氏。不过这两个说法都有硬伤，首先西施的"西"不可能是谥号或者排行，那么只能是一个地理名词，但不管施国还是施氏，他们领地都和西方挨不着边；其次，先秦时期是男子称氏，女子称姓，西施出自施氏显然是不可能的。

综上可以得出结论，西施的"施"，不可能是姓，那么"施"只能从字面上进行解释了。《广雅》云："施，予也。"直接翻译就是"给予、赠予"的意思。这样一来，西施的解释就变成了"西方赠予（进献）的人"。一个西方进献的美人，生活时代在管仲之前或是同一时期，而且这位美人可能仅仅是外貌美丽非凡，但品性却不好说。线索到了这里，可以联想到的人物有很多，甚至可以是一个史料中没有任何具体事迹的人物。

不过有一件事情很有趣，都说"毛嫱、西施，天下之美人也"，但《庄子·齐物论》却说："毛嫱、丽姬，人之所美也，鱼见之深入，鸟见之高飞，麋鹿见之决骤；四者孰知天下之正色哉？"这里，原本与毛嫱并列的西施骤然换成了丽姬。那么这位与传说中的西施一样有沉鱼之美的丽姬又是谁？有人说她也是一个默默无闻的美丽符号，其实不然。同样在《庄子·齐物论》中又有记载："丽之姬，艾封人之子也。晋国之始得之，涕泣沾襟，及其至于王所，与王同筐床，食刍豢，而后悔其泣也。"丽之姬，就是丽姬，因为先秦人称谓中的"之"是一个没意义的虚词。唐代人成玄英在给《庄子》做疏时，曰："昔秦穆公与晋献公共伐丽戎之国，得美女一，玉环二。秦取环而晋取女，即丽戎国艾地封疆之女也。"备注到此，可以发现丽姬就是当年晋献公伐骊戎得来的美人骊姬。

晋献公伐骊戎得骊姬，这事在《左传》《国语》等先秦典籍中都有记载。骊戎的地理位置有两说，一说在今陕西省临潼一带，一说在今山西省析城、王屋两山之间。可以肯定的是，骊戎的地理位置应该在晋国西面。骊姬如何来到晋献公身边的呢？《左传》："晋伐骊戎，骊戎男女以骊姬，归，生奚齐。其娣生卓子。""骊戎男"是骊戎的首领，"男"即是受封的爵位。通过"以骊姬"可知，作为西方美人的骊姬是被进献给晋献公的。这似乎符合"西施"二字字面上的意思。

而骊姬在史书中又美到怎样的程度呢？《公羊传》曰："骊姬者，国色也。"一个国色天香的美人自然当得起沉鱼之貌。可惜的是，骊姬的美，仅仅美在外表，内心则是一副蛇蝎心肠。晋献公晚年痴迷骊姬，于是骊姬便设计诬蔑太子申生以扶持自己的儿子，最后申生被逼自尽。晋献公死后，晋国立马就卷入了一场权力的纷争中。与晋献公同时代的管仲不会不知道骊姬的品性，而生活时代更晚一些的庄子自然也是知道的。这样看来，与毛嫱并提的骊姬，似乎很符合之前对西施的推测。但这仅仅是一个猜想。

要知道《孟子》载："西子蒙不洁，则人皆掩鼻而过之。"这里的西施又称"西子"，"子"倒是一个很古老的姓。那么按照这个思路，西施可能姓子，嫁到西方，然后又被放逐或者进献到别的诸侯国。当然，这也只是一个当不得真的猜想。

西施的身份就像谜一样，唯一肯定的是西施和吴越争霸没有任何联系。若说吴王夫差不爱江山爱美人，因西施而亡，可谓夫差和西施一起躺枪了。顺便一提的是，不知道是不是受《浣纱记》的影响，大部分人印象中的西施是浣纱女，其实最早对西施形象加以塑造的《吴越春秋》以及《绝越书》中，西施是卖薪之女。

所以呢，经过无数次艺术加工后的西施估计连她自己都不认识了，小柳又如何在漫漫时间长河的千万人中找到她呢？你还是别为难小柳了，换成夏姬妹子行吗？

先秦潮搭

"有服章之美，谓之华。"很难想象两千多年前的先人们，在生产力低下的情况下，是怎么创造出华美的衣裳的。不过古人的智慧非同凡响，衣裳从最初的蔽体保暖，注重实际功能之余，逐渐发展到重视感官感受，追求审美情趣。而衣料也有了长足的进步，到战国时期，除了麻、葛、皮之外，更有罗、锦、娟、纱、绨、缣、绉、绦、组、绮、绣等多种丝织品。这在战国时期的曾侯乙墓和江陵马山楚墓出土的大量织物中，得到了很好的佐证。

宋玉在《神女赋》中描写神女妆容时写道："其盛饰也，则罗纨绮缋盛文章，极服妙采照万方。振绣衣，被袿裳，秾不短，纤不长。"在宋玉笔下，神女的服饰华丽异常，不仅用罗、纨、绮这样的上等丝绸织成，上面还绣有精美的图纹。那样一身光彩照人的绣衣，既不显胖，也不见瘦，十分衬托神女的风采。可见时人注重服饰的搭配，对衣裳的要求，已经上升到一个较高的水平。对贵族而言，"衣必文秀自不待言，甚至连宫室、狗马也无不锦绣被体"①。如果你一朝穿越

---

①引自沈从文编著的《中国古代服饰研究》。

成这样的上层人士，陈留襄邑的美锦、齐鲁的罗纨绮缟，你都可以收罗一些以供己用，更可豢养一批工奴专门制造精美的刺绣。

春秋战国作为一个大混乱时代，服饰多样化自是理所当然，不过呢，"总不外曲裾制和交领制，还保留一点西周以来的规格，又在衣着形象方面给我们一种新的印象"①。你若穿越过去，又不想被人围观的话，建议提前准备一身常服。这个可以参考长沙仰天湖楚墓出土的男女侍从彩绘俑，按着沈从文老先生的叙述，"男女衣着多趋于瘦长，领缘较宽，绕襟旋转而下，衣多特别华美，红绿缤纷"。另外，衣上绘有图案，以织锦作缘，和"衣作绣，锦为缘"的古文献记载相和。这种曲裾，在春秋战国到汉代都十分普遍，想来以它为样本裁制衣裳，你的穿越之旅就不会引人注目了。除了曲裾之外，在江陵马山楚墓发现的直裾应用也很普遍，这些衣服"除模型冥衣裁作直领对襟样式外，所有长衣一律作交领、右衽、直裾、长袖、上衣、下裳联成一体的形式，并以锦绣缘边"②。不过不管是曲裾还是直裾，里面都还要着亵衣，上身着中衣、小衣，下身着中裙、袴。值得注意的是，袴"前后裆不合拢，后腰厥断为敞口"，简单来说，就是开裆裤的意思。你若是不自在，先去内衣店采购一番也未尝不可。

整衣完毕后，你可别抬腿就往外走，要知道，君子出门必不可少的装备就是"冠"。正所谓"高余冠之岌岌"，不戴冠怎么行呢。冠的式样有很多种，而比较特别的，是楚国十分流行的高冠。高冠的具体造型，你可以参考长沙子弹库楚墓出土的人物御龙帛画中的样式。戴上冠后，再仔细瞧瞧，是不是还少

---

①引自沈从文编著的《中国古代服饰研究》。
②引自沈从文编著的《中国古代服饰研究》。

了什么？对了，腰间怎么没有佩玉！头戴冠，身佩玉，这可是君子的标准配置哦。1978 年在湖北随州曾侯乙的墓中发现的三百多件金玉饰品中，玉饰就占了很大比例。这些玉饰形制繁多，以云纹为主，采用的工艺种类自然也不少。不过，对比起来，玉饰论精巧、奇特，当属楚国。当然，如果你有密集恐惧症的话，那就另当别论了，因为楚风的器物，往往给人一种很密集的图案感，视觉冲击十分很强烈。

楚国是珠玉、犀角等奇珍异宝的出产地，所以穿越而来的你还可以看到两千多年前原汁原味的蜻蜓眼纹样的琉璃珠。不过，这并不是楚国独有的器物，类似这样的琉璃珠其他诸侯国也是有的。虽然这些玉器十分令人垂涎，但小柳坏心地告诉你，那都是贵族们的饰品，平民是不敢妄想的。一般来说，春秋战国时的蜻蜓眼，大小在 1 到 1.5 厘米之间，绝大多数直径不足 2 厘米。所以你打算穿越前订两个带过去的话，不要订超过 2 厘米的哦。

除了玉受到厚爱之外，香囊也是古人喜欢佩戴的东西，比如《楚辞》里频频出现的"香草"就很受楚人喜爱。香囊又被称为"容臭"，男女皆可佩戴，它是一种很古老的饰品，毕竟爱香之心，人皆有之。只是那时的香囊和唐代金属制的不一样，是丝织品啦。

好闻的香味，并非只能靠佩戴香囊才能获得，还可以选择熏香。虽然秦汉以前人们对熏香的狂热度没有后世那么夸张，但是日常熏香也是有的，尤其是在南部地区。焚艾蒿不仅能带来香味，还可以驱虫，关键是还拥有辟邪功能，实在是好得不能再好了。江陵雨台山楚墓就曾出土过镂雕的铜制熏杯，样式也很萌呢。唐代《独异志》还记载有一款神奇的香，说是在燕昭王的时候，波弋国派人进贡献了一款荼芜香。这种香如果把它焚烧，附着到衣服上，一个月之后仍然香气不绝。若是让它与地面接触，土块、石头都能染香。只要被它熏过的地方，即便是朽木腐草也会枝繁叶茂，吐穗开花。用它熏枯骨，枯骨上就能再长出肌肉来。这么神奇的荼芜香肯定是不存在的，但是穿越过去备点香料自是没错。因为那会儿一些香料比较贵，你穿越的时候还是自己带上点吧。

小柳刚才讲的只是一些常规打扮，你若是想引领时尚界潮流，还得好好抓住风行标向。要知道，春秋战国时期每个诸侯国对时尚的定义都不太一样，而且时尚总是在变化，或许每年都不一样呢。打个比方，齐桓公喜欢穿紫色的衣服，以至于整个都城的人都穿起紫衣来。在紫衣风靡期间，好几匹没染色的布都换不回一匹紫色的布。可以想象紫衣有多么受欢迎，你若不想被朋友圈鄙视，还是得赶紧换几块紫色的布好裁衣服。不过倒霉的是，新衣裳还没做好，齐桓公就跟人说："我厌恶紫色衣服的感觉。"之后，齐国人又不好紫衣了。这可不是你反应慢半拍，跟不上节奏么。不过这个例子说白了就是上有好，下必从。所以穿越之后，你想要不落于时尚，先打听清楚你所在诸侯国以及其国君的喜好才行。当然，你若能以独特的品位和审美征服这个国家，让众人纷纷效仿，那可是一件相当有成就感的事了。

假发时髦吧？你可不要以为这是很现代的东西，实际上咱的祖先早就知道用假发来装扮自己了。对妹子们来说，爱美是不分时代的。想要更加出色，妹子们涂脂抹粉以外，还很流行假发。因为戴假发的好处实在多多，除了可以遮掩发量少以外，还可以遮掩白发。要知道古人呢，可是异常珍惜那一头乌黑茂密的长发。

《左传·哀公十七年》就记载了一个浪漫而伤感的故事，讲的是卫庄公携妻出游，他站在城墙上看见城外有一位妇人天生一头美丽华发。顿时，卫庄公就被那妇人给吸引住了，眼睛挪都挪不开，于是心生歹念。不过，他的歹念可不是强娶那妇人，而是派人将那妇人的头发强行剪下来，为自己心爱的妻子吕姜做了一顶假发。卫庄公对待他的妻子吕姜的态度还挺让人艳羡的，算起来也是个浪漫的故事了。可那个被强行剪掉头发的妇人何罪之有？难道罪在她有一头漂亮的头发吗？

你以为故事到这就完了？才不是呢，后来卫国发生内乱，卫庄公仓皇出逃，但他不小心从城上滚下去摔断了大腿，只得一瘸一拐地往外逃。很快，他的报应来了，逃跑途中他恰好撞上了那位曾经被他强行剪掉头发的妇人的丈夫。卫庄公掏出自己随身佩戴的玉璧，对来人说："只要你救我，这块玉璧就是你的了。"对方却直截了当地回答："杀了你，这玉璧不也是我的吗？"说完，就一刀结果了卫庄公的性命。

唉，假发诚可贵，生命价更好，可别像卫庄公这样，因为假发招来仇恨，最终饮恨黄泉。说回到假发，它除了能给妹子带来美丽以外，其实也给头发少的汉子谋来了福利。《庄子·天地》说："有虞氏之药疡也，秃而施髢，病而求医。""髢"，同"鬄"，都是假发的意思。可见，对当时的人来说，一个漂亮的妹子或是帅气的汉子，绝对不能是秃子，一头黑发是很重要的评判标准。而且，髡（kūn）发，即剃去头发，在古代是一件很丢人的事情。"髡"呢，还是肉刑中的一种。一个人，别说是妹子，就是汉子，没有犯什么罪过，就因为头发好看被人强行剃光，这简直是蒙冤式的羞辱。也无怪那位曾经被卫庄公强行剪掉头发的妇人之夫会那般仇视卫庄公，直接对其痛下杀手，因为他把人家媳妇的头发给剪光了，这简直和毁人容貌差不多。

假发好是好，也敌不过乌黑亮丽的真发。对大多数妹子来说，应该是用不着它了。

　　一头惹人怜爱的长发梳理完毕之后，插上发笄，再戴上一对耳饰岂不更妙？等等，春秋战国时期的妹子打耳洞了吗？小柳你可别坑我！

　　你还真是敏感，一下就抓住了重点。妹子们一般确实不会去打耳洞。《庄子·德宗符》有言："为天子之诸御，不爪剪，不穿耳。"所以呢，不打耳洞应该是当时的主流，上层社会的妹子就不流行穿耳。不过虽然文献里的观点是妇女不流行穿耳洞，但是在考古资料里春秋战国时期的古墓却是出土过一些耳珰的。另外在信阳长台关一号楚墓中发现的一件木俑，就明显耳垂有穿，中间插的是一支小小的竹签子。可见打耳洞、戴耳饰在当时是一件十分新潮的事情，由它引发的时尚潮流可是风靡了无数代人，及至现在仍然经久不衰。所以打耳洞有什么要紧呢，况且若是你穿越之前本就打了耳洞，就更加没关系啦。

　　"齿如瓠犀"是《诗经·卫风·硕人》中形容女子之美的诗句，说是美女的牙齿应如同葫芦子一样整齐洁白，可见古人同今人的审美一样，对牙齿的要求都是白而齐整。但是呢，这在中原地区流行的审美，放南方一些国家就不一定行得通了，比如吴越。若说中原地区的人们束发右衽，崇尚明眸皓齿的自然之美，那么吴越的习俗则为断发文身、雕题黑齿。《战国策·越策二》载："披发文身，错臂左衽，瓯越之民也；黑齿雕题，鳀（tí）寇秫（shú）缝，大吴之国也。"所以呢，若是你穿越到吴越地区，那么就得习惯当地的风俗，适应这种比较潮的装扮。

　　"雕题黑齿"前面已有提过，即在额头刺上文身，并且将牙齿染黑。吴越地区的妹子多是如此，所以让人幻灭的有时不仅只有孟尝君是矮子的事实，还有那个迷倒夫差致其亡国的越国美人"西施"也许只在吴越地区有市场，因为来自越国的妹子必然是黑齿。你能想象一个千娇百媚的美人对你咧嘴一笑，露出一口黑齿的感觉吗？我想这感觉一定很酸爽。想要穿越到吴越地区的妹子们考虑清楚了吗，如果这都能忍的话，那就坚定地去吧！

除了雕题黑齿，断发文身在吴越两国也是通行的哟。《谷梁传·哀公十三年》载："吴，夷狄之国也，祝发文身。""祝"，就是"断"的意思，所以吴越地区的汉子头发应该不会很长。这倒是符合现代人的习惯，你是不是有些意外呢？在春秋时期的齐吴艾陵之战，也就是夫差在位时的一场战争中，就发生过一件稀奇之事：由于吴人头发短，齐人不得不自己先备好绳子来捆吴人首级。

在吴越地区，流行剪短发之余，文身也变得不再受人瞩目，即使你在身上文大片的文身，也没人干涉哦。反之，你要是不刺文身，倒是显得十分另类呢。而且，在越国，断发文身可是自君王到百姓的全民运动哦。《墨子·公孟》云："越王勾践，剪发文身，以治其国，其国治。"又《庄子·逍遥游》道："宋人资章甫而适诸越，越人断发文身，无所用之。"这里记载的是一个不通诸国习俗的宋国人，没事先做考察就兴冲冲地采购了一批帽子到越国去卖，但是呢越人的风俗是断发文身，帽子对他们毫无用处。可想而知，这个笨蛋商人肯定是亏啦。这个小故事也让我们得知，断发文身在诸越有多么普及。

不过这种习俗虽然在吴越地区盛行，但在中原地区的人们看来还是有些接受不了。所以，也出现过因为风俗迥异而引发冲突的情况。在汉代刘向的八卦合集《说苑》中，就讲述了这样一个故事。说是越国使者诸发拿着一枝梅花意欲送给梁王，梁王的臣子中有一位名叫韩子的人，就对众人说道："哪里有把梅花送给列国君主的！请允许我羞辱他。"韩子遂出来对诸发说："大王下了命令，来者戴上帽子就以礼相待，不戴帽子就另当别论。"诸发说："我们越国也是天子分封的土地，虽然没有冀州、兖州这样好的地方，只是处在沿海地区，但我们不仅要赶走外族人来争夺自己居住的地方，还要和蛟龙争斗，因此才剪除毛发，在身上刺花纹，使其灿烂多彩，用以模仿龙王的子孙，并使水神避退。现在你们梁国下命戴上帽子就以礼相待，不戴帽子就另当别论。假使你们梁国的使者经过我国，我国的君主也下命道：'来者必须剪发文身，然后才接见。'你们梁国又该怎么样呢？如果能对此心安理得，那么我愿意戴上帽子相见；如果不能，希望别随意更改别国的习俗。"梁王听说后，披着衣服出来接见诸发，并下令驱逐韩子。[①]

　　断发文身、雕题黑齿，这么潮的打扮，你准备好了吗？想想姑苏台上黑齿的"西施"和断发文身的吴王夫差用越言你侬我侬地一边聊天一边共赏一轮明月，这画面一定很美很动人。穿越的你一定不能错过啊。

---

①这个故事在《说苑》卷十二中的版本是越人出使梁国被刁难，但在《韩诗外传》中则是出使楚国被刁难。《韩诗外传》所记载的内容和这篇差不多，只是对象从梁国变成了楚国。

陸

找对象是个技术活

在秦国，结婚可是要去官府登记的，不登记就不算是有效婚姻。可别被古人忽悠，天真地以为举办了婚礼就算是结婚了。

洗洗睡吧，小妾上位的梦就别做了

在不少穿越文里，男主在二十一世纪十分平凡，也交不到女友，但穿越后却一下子桃花运爆棚，无数妹子被穿越男的智商和情商折服，主动投怀送抱。在这种种马类型的穿越小说中，被"汤姆苏"光环笼罩的男主，身边没有几个出色的女子纠缠不清，最后娶上三妻四妾，怎么能称得上集外挂、万人迷于一身的宠儿呢。与之相对应的，则是穿越文中的"玛丽苏"女主。玛丽苏和汤姆苏一样，她们在现代往往只是一个普通人，但是一经穿越，就会被穿越大神眷顾，各种技能点附身，不仅智力、才情上升一大截，拉低古人智商，而且左右逢源，被深情的、霸道的、忠犬的、冰山的各类男色包围，桃花朵朵开，最后成为某个诸侯国大将军或者国君的真爱。不过也有一些苦逼的穿越女主被作者安排成小妾的身份，然后上演"杜拉拉升职记"，由小妾的位置一步步爬上正室，这样才能过足宫斗、宅斗的瘾，也显得她们穿越时空的爱情是多么难能可贵。

事实上，现实和小说的距离真不是一点点，无论是穿越女还是穿越男在先秦开启"苏"的模式，都是不可能的。就说穿越女小妾上位那种模式吧，就很难实行。因为在先秦时代，尤其是战国以前，等级制度很是严谨，小妾要爬上正妻的位置，这个可能性基本就是零。史载公元前 651 年，齐桓公在葵丘举办诸侯会盟，而这次会盟确立的第一条盟约就是"毋以妾为妻"。那些穿越过去打算上演小妾逆袭正室的妹子们可以洗洗睡了，因为在先秦时期，妾就是妾，想要扶正简直和登天的难度差不多。

就算你穿越后，把某贵族男子迷得神魂颠倒，成为他的真爱，但只要他脑子没被门给夹了，他就不会扶正你。一朝为妾，终身为妾。春秋时期，楚国的司马子期因为妻子死了，他想把宠妾立为正妻。于是，子期试探性地去问左史倚相，说："我有个小妾为人很谨慎老实，我想给她戴上内子的首饰，可以吗？"倚相则回答道："以前我们楚国的大夫子囊不执行楚共王遗命要用的谥号'灵'，改用了'共'；屈到喜欢吃菱角，他的儿子子木却用羊祭祀而不用菱角。他们的行为虽然违反命令却符合道义，所以大家都觉得这样做是对的。而鄢陵之战的时候，谷阳竖心痛子反的辛劳，献给他酒喝，结果子反死在鄢地；芋尹申亥顺从楚灵王的欲望，结果灵王死在乾溪。谷阳竖、芋尹申亥顺从主上却违背君子行事的道义，所以大家都不赞许他们。你可是我们楚国的忠臣，现在经营楚国的政事，却想做违反道义的事情，你觉得可以吗？"于是，子期放弃了自己的想法。他的小妾依然只是小妾。

先秦的男人就算正室死了，通常也是再娶，而不会扶正小妾。因为扶正小妾，在时人看来不合乎道义。另外，小妾生的庶子和正室生的嫡子待遇差别也很大。千万别做那种母以子贵的梦，虽然"母以子贵，子以母贵"这话出自《公羊传》，说的是春秋时期鲁国立储的事儿，但是那件事最后的结果是子以母贵，而非母以子贵。话说鲁惠公死后，他年幼的嫡子鲁桓公继承了君位，鲁国实权则由鲁惠公的庶长子鲁隐公来掌控。鲁国人就问了，为何鲁桓公要比他的哥哥显贵，要知道鲁隐公为人很贤德。礼官的答案是因为鲁桓公的母亲是鲁惠公的正室，她乃宋武公之女，而鲁隐公的母亲声子只是鲁惠公的一个小妾。母亲的名分决定了儿子的命运。千万别觉得鲁隐公被人称呼为隐公，他就是鲁国的国君，按着《左传》和《史记》的观点，他其实是鲁国的摄政。因为鲁惠公死的时候，鲁桓公还很年幼，所以需要他代替他的弟弟桓公治理鲁国罢了。《公羊传》《谷梁传》关于隐公摄政的解释就比较微妙了。撇开争议的部分，庶子出身的鲁隐公，其正统性远不及他的弟弟鲁桓公，这是一个不争的事实。

做了小妾的女人，就算生下的儿子很争气，如鲁隐公那样当上了摄政，但是也别指望其身份会就此和正室一样。拿鲁隐公来说，当上了摄政的他也没有像后世那些摄政的皇子那样抬高自己生母的分位，声子依然只是鲁惠公的一个小妾。声子死后，她的儿子鲁隐公不仅没有给别国的诸侯们发讣告，在安葬了声子后，鲁隐公也没回到祖庙给声子做哭祭，甚至都没有把声子的神主放在先代国君夫人神主之旁。声子就这样无声无息地死了。她死后的待遇基本也就是一个小妾的待遇。所以，穿越到先秦，千万不要做人小妾，即使那个人你再喜欢、再有权势也不行哦。因为当了小妾一来没有什么翻身的机会，二来就连你的儿子也不能恭敬地对待你。

小妾要逆袭正室，除非遇上的是那种不着调的贵族或国君。一般来说，你若遇上这样的国君，虽然有可能会在一片骂声中成功上位，但是你穿越到先秦就是为了当一个败家子或者亡国之君的女人吗？如果觉得人生随意，及时行乐的话，你也可以尝试一下，但其中滋味，想必是五味杂陈，苦味居多。如果不愿意靠男人的宠爱过活，看正妻的脸色行事，我劝你还是直奔正室比较好。

如果你命运不济，被穿越大神调戏，只落得个小妾的身份，若在战国时期或许还有咸鱼翻身的机会。战国时期呢，发生了一点变化。假使你不幸成为国君的妾室，等熬死了老公、老公的原配、老公的嫡子，你的儿子得以继承正统，你应该可以当上太后。又或者，你的儿子是个大孝子，虽然没熬到原配死，但你儿子继位后你也可以当上太后，不过前提是你老公没有嫡子，不然你就等着吧。当然啦，如果你的儿子格外优秀，又遇上一个特别好说话的原配，也许她会把正嫡的位置让给你也说不定。不过，这都要看运气、拼人品啊。总之，战国时期和春秋时期有些不同了，春秋时期妥妥是子以母贵，但是战国时期确实有了母以子贵的情况。比如秦庄襄王，他成为秦孝文王的继承人一定程度是因为他认了秦孝文王的正室华阳夫人做嫡母，但是秦庄襄王继位后，不仅尊华阳夫人为太后，也尊自己亲生母亲夏姬为太后。夏姬，倒是可以说母以子贵。

断了穿越女小妾上位的可能性之后，我们再来讨论一下穿越男三妻四妾的种马梦吧。在先秦，娶上三妻四妾也不是不可能，如果你魂穿成齐桓公呢，那么你确实可以有三个夫人、六个如夫人以及若干分位更低的妾。因为按着史书的记载，齐桓公确有一干妻妾。但是呢，妻妾成群的齐桓公不算当时的典型，只能算是特例。因为先秦时期的主流婚制仍是一夫一妻多妾制，而非一夫多妻制。虽然周代贵族女子出嫁，需要同族姐妹或姑侄陪嫁，称为"媵"（yìng），媵会成为侧室，地位比一般的妾要高，但媵的地位依然低于嫡室。在秦汉时期，更确切地说是汉代，简牍也好，史书资料也罢，都出现了"小妻""中妻"等字样，但是"小妻""中妻"的地位呢，一直有学术争议，有说是妾的，也有说是妻的。但可以肯定的是，在两汉之间，"小妻""中妻"的地位低于正室，高于妾。

至于战国时期，如果你穿越到楚国，你或许可以有两个妻子。《战国策》里陈轸就给秦王讲过一个《楚人有二妻》的寓言故事。说是一个楚国人娶了两个妻子，有人调戏楚人年长的妻子，年长的妻子气愤地把那个人痛骂了一顿。

那个人又调戏楚人年轻的妻子，年轻的妻子答应了那个人的非礼要求，两个人便勾搭成奸了。过了不久，娶两个妻子的楚人死了。别人就问那个调戏楚人妻子的人说："现在这两人都成寡妇了。你打算娶哪一个？"他回答说："娶那个年长的寡妇！"别人又问："年长的寡妇可是骂过你的，而年轻的寡妇却和你欢好过，你为什么不娶年轻的而要娶那个年长的呢？"他回答说："因为年轻的那位水性杨花，她这么轻易地就和我在一起背叛了她的丈夫，若娶她，谁可以保证她不会背叛我！年长的寡妇虽然骂过我，但她是一个忠贞的人。我当然要娶她做妻子。"

这故事首先告诉我们在任何时代做人都不能任人轻贱，一定要自珍自爱，坚持一定的原则，不要被花言巧语迷惑。不然，即便你付出了，别人也不会重视。其次这故事透露出一个八卦讯息，就是楚国可以娶二妻。注意啦，楚国能娶二妻这个说法，也存在一些争议。我们勉强算成在楚国可以娶两个妻子吧，但是仅仅限制在楚国，而且就算存在，估计也不是主流。事实上，在先秦就算是天子也是一夫一妻多妾制，母仪天下的王后宝座只有一人可以坐。天子其他的御妇，只能算是贵妾。

若是你穿越到战国时期的魏国，而且只是一个普通汉子，那么千万不要娶两个妻子，最好连妾也不要纳。不然，你会付出惨重的代价。魏国在战国早期进行了有名的李悝（kuī）变法，而李悝在《法经·杂法》中规定："夫有一妻二妾则刑馘（guó，割耳），夫有二妻则诛，妻有外夫则宫。"所以珍爱生命，不要做那种三妻四妾不着调的春秋大梦了。现实些，找一个合适的妹子老老实实地结婚过日子吧。

那么，撇开小妾上位和三妻四妾这种不靠谱的想法，真要和古人结为连理，相亲相爱，应该注意些什么呢？以秦国为例吧。在秦国呢，结婚可是要去官府登记的，不做登记就不能算作有效婚姻。千万别天真地以为举办了婚礼就算是结婚了，更别相信撮土为香、天地为证的无媒之婚，没有登记的婚姻在秦国根本就不算数，也没有任何法律保护。另外呢，在秦国登记结婚要求双方须达到成婚年龄。但是比较奇妙的是，成年的标准跟身高挂钩，比如秦国汉子身高六尺五寸，则可举行冠礼。女子也要经过成人礼才能成婚，而对女子的要求一般是达到六尺二寸即可算是成人。当然啦，这两个身高要求只是一个平均值，到一定的年纪达不到身高标准也可以结婚啦。毕竟世上哪都有矮子，这不是很硬性的标准，在执行上并不严格。秦简中就有女子"小未盈六尺"而"为人妻"的事例。而秦六尺差不多等于138厘米，那个不满六尺的妹子，她身高不是一般的矮，而是非常的矮。

要是你的婚姻生活过得不愉快，想跟你家那口子各过各的，好聚好散，有没有办法？自然是有的，在秦国结婚要登记，离婚去妻当然也是要去官府登记的。正经地去办离婚手续就行了。若是不办理离婚手续就离婚，可是要被罚款的。按着睡虎地秦简《法律答问》的记载："弃妻不书，赀二甲。"赀二甲是个什么概念呢？按着《岳麓书院藏秦简（贰）》的说法呢，赀一甲相当于钱千三百卌四，换成金就是二两一垂。在秦国，一个男人打算离婚去妻却又不去官府做登记，被发现的话绝对会被罚款到泪奔的。

婚姻是神圣的，先秦时代也是一样。秦国男人想要离婚去妻不去官府登记要被罚，秦国女子想要和丈夫和离，也是一样。如果你不满意你的丈夫，一声不吭就逃了，被抓到也是要受罚的。所以，无论你是汉子还是妹子，在秦国结婚或者离婚都要去官府办手续。

在古代，妹子在婚姻中总是处于劣势，毕竟所处在的是男权社会。不过，先秦时期的妇女地位总的来说不算很低，尤其是在民风比较彪悍的秦国。如果妹子你打算穿越到先秦来做女英雄，你也不用像花木兰那样女扮男装。因为商鞅变法之后，在秦国，壮女也可以编为一军参加战斗。秦国的壮女自然是不好惹的，有不少妹子在婚后就变成了悍妻。另外，穿越男们，在面对秦国悍妻的时候，请务必保持你那二十一世纪的绅士风度。因为在秦国，如果丈夫对妻子有严重家暴情节也是要被判刑的。按着睡虎地秦简《法律答问》的记载："妻悍，夫殴治之，决其耳，若折肢指、肤体，问夫何论？当耐。"就是说娶了一个彪悍狠辣的老婆，做丈夫的如果加以责打，严重地撕裂了她的耳朵，或折断了她的四肢，就要被处以耐刑。耐刑呢，就是强制剃除鬓发和胡须的意思。老实说，耐刑不是很严重身体惩罚，但是这在当时很丢人。两千多年前的秦国法律毕竟还有一定的局限性，但必须承认的是它仍一定程度地保护了妻子的人身不受丈夫的暴力侵犯。

先秦结婚怎能没有黑色呢

"当当当……"伴着教堂的钟声,我们的女主白日梦妹子身着洁白的婚纱缓步走向礼堂。这时,不知怎的突然刮起一阵邪风,一瞬间,我们美丽的新娘白日梦妹子突然凭空消失。是的,如你所猜想的那样,她穿越了。

等白日梦妹子恢复意识之后,她已经有了新的身份。现在的白日梦妹子,是春秋末期齐国执政卿陈成子的长女,名叫孟妫。为什么会这样呢,这是穿越大神对她的考验啊,曾几何时,白日梦妹子也十分渴望来一次穿越之旅呢。来到这个世界,只要她成功替孟妫妹子完成和上大夫智瑶的长子智颜的婚礼,那么就可以回到现代,并且得到大神的礼物。若是出了问题,婚礼告吹,就只能永远地成为孟妫,留在这个时代。穿越大神还给白日梦妹子绑定了一个游戏系统,以便随时发放任务。只要任务完成度达到100%,这次穿越之行就可以终止了。怎么样,听清楚了吗?

不过就是一场婚礼,没什么可怕的,就当穿越大神的福利好了。妹子,这你可就想错啦,先秦时期的婚礼和现在流行的西式婚礼完全是两个体系,即使和如今的中式婚礼相比,那也十分不一样,如果不用心学习,只顾着看新鲜,很有可能攻略失败,完不成任务哦。还有呢,古装剧里常常看到的满目红妆,充斥耳畔的喧嚣喜乐，想都不用想，肯定是没有的。肃穆庄重的黑色，才是先秦婚礼的主色调。

自周以来，少男少女长大以后都要举办成人礼，一般男子二十行冠礼，女子十五行笄礼。冠笄礼作为重要的嘉礼，一直沿用到了明朝。《礼记》云："以婚冠之礼亲成男女。"行过冠笄礼的年轻男女，就可以结亲了。但是结婚并不是一件简单的事情，还得经过几项严格的步骤才算完成。

首先是纳采。也就是男方家派出使者去女方家提亲，并且以活雁（即鹅）作为礼物。孟妫姑娘未来的夫家是智家人，这个妹子你已经提前知道了，所以只需耐心等待便可。当智家人派出使者，着一身很正式的礼服，提着活雁到了陈家门口向女方家的接待人员说明来意之后，孟妫的父亲作为一家之主须换上一身正式的礼服，去大门外迎接使者，然后请男方家的使者入门。进门后，直奔庙门，双方相揖而入。如此相对三揖，到达堂前阶下，还要再礼让三番。孟妫的父亲与男方家的使者一同登堂，女方家坐东朝西。男方家使者从西阶登堂，至栋下面朝东致辞。这时，男方家和女方家客套上好几句，之后孟妫的父亲在阼阶上方面朝北两拜。使者在堂上两楹之间授雁，面朝南方。男方家使者把活雁给女方家后下堂，出庙门。孟妫的父亲这时要把活雁交给自家的家臣，让家臣出去把活雁还给男方家的使者。这第一步的纳采也就算完成了。

进入第二步程序，问名。完成纳采之后，男方家使者仍停留在女方家的庙门外。待女方家的家臣出来还雁，这时男方家的使者就提问，要嫁到我家来的姑娘叫什么啊。女方家会略微客套一下，然后爽快地把女孩的名告诉男方。接着又要搞一番授雁、还雁等礼，和刚才一样。完成这些后，孟妫的父亲作为家主还要留男方家使者、随从等人吃一顿，行醴宾之礼。

第三步是纳吉。男方智家人要去祖庙卜一下卦，看看这对小儿女的生辰八字合不合适，有没有犯冲。一般来说，大多数情况下卜卦出来的结果都是吉利的。得到了吉卦后，男方智家人还要派人去女方陈家报个喜。

第四步是纳征。通俗点说就是下聘。聘礼一般是黑、红两色的绸五匹（十端）、鹿皮两张。男方到女方家下聘的过程和仪式同之前的差不多，只是致辞不一样。

第五步是请期。女方家聘礼也收了，婚事基本上就敲定了。接下来就该合计婚期了。一般呢，日期由男方选，敲定日期之后，再派出使者带着礼物（大雁）去告知女方。男方使者呢，到女方家请期所行之礼的步骤和先前差不多。而女方家也和之前一样，先和男方使者客套几句，接着就把成婚的日子给定了。

第六步、第七步是婚礼高潮部分的亲迎和共牢合卺（jǐn）。前面几个流程基本上就没有白日梦妹子什么事，只管听父亲安排就行，但从亲迎起，之后就要靠自己了。先秦时期，成婚当天是需要新君亲自去迎接新妇的，这点到唐代仍是如此。

到了成亲这日，男方家主智瑶会给儿子智况敬酒，并命其去迎亲。女方家长陈成子则会让人在家庙里铺筵设几，待女婿过来。而此时，待在房间里的白日梦妹子收到了穿越之后的第一个任务——选择婚礼上的礼服。游戏界面有三个选项：一，红色的礼服；二，黑色的礼服；三，白色的礼服。

我相信妹子一定不会选择白色的礼服，因为白色在我们传统文化里从来都不是喜庆的颜色。但是如果选的是红色的礼服，那么这个游戏肯定就扑街了。因为先秦结婚是不会穿红色衣服的。先秦人结婚一般会穿缁衣或者玄端，然而这两种礼服主体色都是黑色。先秦人结婚无论是新娘还是新郎，都是着一身黑色的礼服。新郎的父母和新娘的父母也皆是一身黑色的礼服，就连参加婚礼的宾客随从也是一身黑。庆幸的是，白日梦妹子为了回到现代和亲亲相公结婚，还是花了一番心思在学习上的，总算没有出错。虽然妹子曾经很想穿越，但孤身一人待在异时空，什么旖旎的心思都没有了，穿越什么的还是让别人去吧！

不断咒骂穿越大神的白日梦妹子除了在心里翻翻白眼外，面上还是得规规矩矩地走流程。这是一场肃穆的婚礼。除了大家都穿一身黑以外，婚礼过程中也不奏乐。不仅如此，举行婚礼的时候，新妇还须表现出一副伤感的样子，因为出嫁以后就不能继续在家里伺候亲爹亲妈了。而男方家也不能表现出高兴的样子，因为女孩子嫁到你家也不容易，你家多了儿媳，别人家少了女儿。为了表示对亲家的体谅，新君真的不能表现得过于兴奋，就算笑容上脸，那也得憋回去。用子曰过的话说："嫁女之家，三夜不息烛，思相离也；取妇之家，三日不举乐，思嗣亲也。"

婚礼也叫"昏礼"，因为它本身就是在黄昏之时举行的。黄昏将至，穿着一身黑色礼服的新君带着同样穿一身黑衣的侍从去新妇家里迎亲。新妇和家人们都穿着一身黑色的礼服静候着新君的到来。等新君的车队在女方家大门外停下之后，女方的父亲要在堂上房门西面布设筵席。打扮好的新妇则在房中静候。保母站在她的右侧，随从的女伴则穿着黑色的衣服站在她的身后。新郎停好了车，走到女方家的大门前，女方家接待人员赶忙入门告诉家主。新妇的父亲随后着黑色的礼服，迎接女婿入内，面朝西两拜。新婚面朝东答拜。岳父揖女婿，入门。女婿执雁随后入门。到庙门前，相揖而入，如此三揖，到达堂下阶前。再次谦让三番，岳父上堂，面朝西。宾上堂，面朝北，把雁放置于地，两拜，叩头至地。女婿下堂出门。新妇随后，从西阶下堂。岳父就不用下堂相送了。

之后，新君会亲自为新妇驾车，把引车绳交予新妇。新妇的保母则替其推辞不接引车绳。待新妇登上马车后，保母为新妇披上遮蔽风尘的罩衣，接着就等驱马行车。这时，画面突然定格了，白日梦妹子的游戏系统又来捣蛋啦，这次跳出了两个选项：一是拉住新君让其驾车；二是让职业车夫驾车。要不要选择一呢，新君都已经上了车拿起了车绳，这不明摆着他来为新妇驱车嘛。如果妹子是这样想的，那么这个游戏你肯定又扑街了。因为刚才新君只是摆个样子，新妇坐的车子自会有真正的车夫来驱车。而新君本人则乘坐自己的马车，行驶在前，因为新君必须先一步到达家中并随后在大门外等候新妇。白日梦妹子差点萎在车里，幸亏选对了，要不然就栽大了。

当新妇到了夫家门前，新君会对新妇作一揖并请她进大门。行到寝门前，新君像刚才一样作揖请新妇入内。新妇陪嫁的侄娣连忙在屋内西南角布设筵席，新君进室后入席。新妇的位置在酒尊之西，面朝南。媵与御（夫家女役）相互交换，媵为新君浇水盥洗，御则为新妇浇水盥洗。赞礼人撤除酒尊上的盖巾。抬鼎人盥洗后出门，撤去鼎盖，抬鼎入内，放置在阼阶之南，面朝西，以北为上。执匕人和执俎人随鼎而入，把匕、俎放于鼎旁。执俎人面朝北把牲体盛置于俎上，执俎立待；执匕人从后至前，依次退出，回到寝门外东侧原来的位置，面朝北，以西为上。赞礼人在席前设酱，肉酱放在酱的北边。执俎人入内，把俎设置于肉酱的东边。鱼依序设置在俎东，兔腊单独陈放在俎的北面。赞礼人把黍敦置于酱的东边，把稷敦设在黍敦之东，肉汁则被陈放在酱的南边。在稍靠东边的地方为新妇设酱，肉酱在酱之南，以北为上首。黍敦设置于兔腊北边，稷敦在黍敦之西，肉汁则陈放在酱的北边。御在婿席的对面为新娘设席。赞者打开婿敦的盖子，仰置于敦南地上，妇敦的敦盖，则仰置于敦北。赞礼人报告新郎馔食已安排完毕。新君对新妇作揖请她入对面筵席，然后一起坐下，进行祭祀。

依次祭黍稷和肺。赞礼人将黍移置席上，并把肺脊进授予新君新妇。新君新妇就着肉汁和酱进食。二人一起祭举肺，食举肺。取食三次，进食便告结束。赞礼人洗爵，斟酒请新君漱口安食。新君拜而接受，赞礼人在室门之内面朝北答拜。又请新妇漱口安食，礼节如上。二人皆祭酒，赞礼人奉肝以佐酒。新君新妇执肝振祭，尝肝后放置于菹豆中。干杯，皆拜。赞礼人答拜，接过酒爵，第二次服侍新君新妇漱口饮酒，礼节与第一次相同，不进看佐酒。第三次漱口饮酒，以鲝酳酒，礼仪如前。赞礼人洗爵，在室外的尊中斟酒，进门，面朝西北，置爵于地一拜，新君新妇皆答拜。赞礼人坐地祭酒，然后干杯，一拜，新君新妇皆答拜。站立起来，新君出室，新妇则回到原位。

等智况一出门，咱们的白日梦妹子总算是松了一口气，望着席上的一干吃食，开启吐槽模式：这个时代的人结婚要准备的吃食真的很多啊！婚礼的仪式已经完成了，是不是任务条已经走到100%了呢，百日梦妹子迫不及待地查看了游戏进度。这是怎么回事，为什么才70%！穿越大神贴心解释：婚礼的第六、第七步亲迎和共牢合卺虽然完成了，但游戏还没有彻底通关，你必须成为真正的智家人。委屈的白日梦妹子斗不过穿越大神，只好抽抽搭搭地留了下来。第二天一清早，白日梦妹子沐浴、梳妆，去拜见了她的公公婆婆。

拜见完公婆后，婚礼依然没有完成，因为还没有告庙。在先秦没有完成告庙就不算是正式成婚。但是告庙必须在三个月后，所以白日梦妹子还得在智家再待上三个月。这三个月期间新君都不会碰新妇，而在这段时间中如果白日梦妹子的肚子突然明显大了起来，有着严重的妊娠反应。恭喜啦，这个游戏妥妥地扑街了。三月告庙，之所以要等三个月才行，就是为检验新妇在这之前是否已经怀了别人的孩子。这时，白日梦妹子可能会大惊道："不会吧！我哪都没去，这孩子怎么来的！"不要太惊讶，只能说穿越大神跟妹子你有仇，故意坑你的，先秦的民风比较彪悍，孟妞妹子很可能在你来之前就已经和别人有了私情。《周礼·地官·媒氏》："仲春之月，令会男女，奔者不禁。"阳春三月是一个春心荡漾的季节啊，私奔或私通在先秦并不少见，私生子也是，比如楚成王的令尹斗子文就是一个私生子。

先秦人总的来说不是很在意妇人婚前的贞操，但是对自己的骨血是否正统，还是很在意的，至少他们不乐意喜当爹。如果新妇出嫁后怀了别人的孩子，在这三个月等待告庙的时间里一定会露出马脚。而这时，因为没有完成告庙，婚礼不算彻底完成，所以新君可以随时把新妇送回娘家。如果完成告庙，婚礼就算彻底完成了，这个时候，新妇就不是夫家想退回就能退回的啦。以后，新妇就正式成为夫家的一员了。

所以呢，如果在这三个月里没有出现特殊状况，那么三个月后，白日梦妹子就可以完成游戏任务回到二十一世纪啦。如果白日梦妹子得罪穿越大神，以致游戏扑街回不来，那就只得继续留在齐国了。

若是留在齐国，白日梦妹子回现代无望，也只能听从父命，找个汉子结婚。不过呢，妹子你一定得有强大的心理准备，虽然齐国靠近鲁国，鲁国又是周礼普及的地方，但是先秦时代的婚礼除了步骤烦琐外，更重要的是婚制。和先秦人结婚，你必须把三观踩烂了才行。因为在先秦时代，确切地说是春秋时期，除了一夫一妻多妾制外，还有蒸报婚的存在，所谓"蒸报婚"也称"转房制"或"收继制"。"蒸"即指一个人死后，他的儿子可以娶除了自己的生母以外的其他庶母为妻。最出名的例子是卫宣公，他先是娶了庶母夷姜做侧室生了儿子，又娶了准儿媳做正室，即宣姜。卫宣公死后，他的庶子公子顽在齐襄公的安排下娶了嫡母宣姜做正室。蒸报婚，这种形式的婚姻在当时不是很光彩，但是这种婚姻形式还是被接受的。也就是说蒸报婚所生的子女，男子享有合法地位，可以继承父亲的位置，女子可以嫁给其他诸侯国的国君为君夫人。这在现在看来是非常毁三观的，但在这段历史时期，它确实合法存在，所以白日梦妹子，赶紧抱住穿越大神的粗大腿，让他带你回现代！

十年了，终于可以娶你啦

 丧 俗

先秦时期，真正费时费力的不是婚礼，而是丧礼。尤其是父亲大人的丧礼，因为老爹死了，你要穿三年的丧服才能彻底除孝。在这守孝的三年里，你别说打算结婚了，就是吃肉饮酒也不可以。穿越男们，千万不要因为你二十一世纪的女朋友跟你说今年阿森纳夺冠我们就结婚而心灰意冷地穿越到先秦。因为穿越之后，如果你的运气不好，没准阿森纳夺冠了，你还没能娶上妻子！

为什么这么说呢？这和先秦的服丧制度①有关。先秦人服丧根据远近亲疏分为五等，分别是斩衰、齐衰、大功、小功、缌麻。

先从斩衰说起，它是丧礼中最崇重的服制，属第一等。斩衰，为儿子或者未出嫁的女儿替父亲所服之丧，丧期三年。作为一个孝子或者孝女，在这三年内你不要指望娶亲或者嫁人，也别想吃肉饮酒。服斩衰时，丧服用三升或者三升半的麻制成，不缝边，表示悲伤欲绝以致无心修饰自己。

第二等齐衰。齐衰次于斩衰，分为四个层次，即齐衰三年、齐衰杖期、齐衰不杖期、齐衰三月。齐衰三年，是诸侯为天子、大臣为诸侯、儿媳为公公所

①文中所列多引自《仪礼》《礼记》丧服篇。

服之丧，丧期三年。这三年的待遇和服斩衰一样，未婚男女不能结亲，也不能宴请宾客，更尝不到肉味、酒味。服丧时，所着丧服用的麻布质地要比斩衰的好些，一般选四升到六升的麻。齐衰杖期，指父亲先亡后，为亲生母亲或者继母所服之丧，丧期一年。丧服和齐衰三年的一样，服丧期间，不饮酒，不吃肉。齐衰不杖期，是孙子给祖父祖母、叔父叔母所服之丧。齐衰不杖期和齐衰杖期都是服丧一年，丧服的规格也是一样，但两者却有很大区别：其一，服齐衰不杖期时，不需要手杖；其二，服齐衰不杖期时，鞋子由疏履改成了麻履；其三，服齐衰不杖期时，死者下葬后就可以饮酒吃肉，只是不能举办宴会和人对饮。前面提到的斩衰、齐衰三年、齐衰杖期除了特定的丧服外，都有配套的手杖和鞋。齐衰三月，是庶人为国君、丈夫和妇人为宗子、未嫁或者已嫁女子为曾祖父曾祖母所服之丧，丧期是三个月。齐衰三月所服丧服和齐衰不杖期的没有什么区别，只是把脚上穿的麻鞋改成了绳鞋。齐衰三月在服丧三月后就可以除去丧服，没有前三者忌讳多。

第三等大功，是为从父兄弟（堂兄弟）或者堂姐妹等所服之丧。大功丧期比较短，为九个月。所服丧服选用的麻质地又上了一层，为九升。服大功时，死者下葬后，就可以饮酒吃肉回归正常生活了。虽然除去丧服是九个月后的事情，但是回归正常生活基本用不了九个月。

第四等小功，是为从祖父母或父亲的堂兄弟等所服之丧。丧服用十一升的麻制成。小功丧期只有五个月，五个月以后就可以该干啥干啥。

第五等缌麻，其服丧对象的亲缘关系就更远了，为你祖父的叔伯父母或者祖父的堂兄弟等。缌麻丧期只有三个月，丧期内不饮酒不吃肉。

综上五服呢，单看没什么，但是如果你运气比较差，穿越成了齐国世卿高不为的嫡子高无忌，那就十分倒霉了。你呢，穿越过去正当年少，优哉游哉过了几年，就到了该议亲的时候了。不巧呢，执政卿陈成子的小女儿季妫，正巧和你那个要等到阿森纳夺冠才结婚的现代女友很像。你难忘旧爱，想着这一定是命中注定，合该天生一对。于是，顺理成章地你爱上了季妫，然后让你现在的父亲高不为去陈家提亲。结果，你的运气比较差，婚事才商量好，你的父亲高不为就突然病故了。毫无疑问，你计划中的婚礼，只能往后拖了，等上三年再说吧。三年过去，正当你旧事重提打算继续去陈家求婚的时候，季妫的父亲陈成子死了！这下你倒是可以成婚，但女方家得等三年才行。出于真爱，你想着再等等吧，人家妹子都等了自己三年，现在换我等她，那又何妨呢，反正这年纪搁现代还十分年轻。三年复三年，到了第六年，你想着这回怎么样都可以结婚了吧。哎呀，没想到这时你祖父正好病故。婚事又要往后面推一年。一年期满后，你想着这回肯定可以结婚了。当你赶到陈家，却很不巧遇上季妫妹子的祖父死了。未嫁的孙女和孙子一样要给祖父母守丧一年。你俩的婚事又要往下拖上一年。就这样八年过去了，这次你想着我一定可以娶到季妫。结果赶上齐国国君去世，而你八年前就顶替你的父亲成为高氏的家主，换言之，你是齐国国君的大臣。诸侯死，这个丧期又是三年啊。等你守完三年丧，十一年就过去了。如果你当初没有穿越，估计也该等到阿森纳夺冠了，可是你偏偏穿越了！十一年过去，你再次准备向陈家求亲的时候，你的一个堂兄死了。没办法，只能过几个月再去提亲了。结果几月后，你再去时，季妫已经被许配给了齐公子济民。这时，你忍不住质问道："为什么不等我？"或许你会以为季妫妹子会跟二十一世纪的女友一样回一句："没有缘分啊。都十一年啦……"不好意思，季妫妹子不会跟你说没缘分的，因为先秦时代佛教还没传进中国，佛祖还在古

148

印度呢。所以季姒最有可能会这么说："十一年过去了，你总是这么不及时，错过了一次又一次。想来，是神明不看好我们在一起啊。"

好吧，你的运气确实不是一般的差，不过你和季姒妹子也不是没有缘分那么简单，而是你太实在了，也没仔细研究丧礼。要知道，先秦时代守丧三年不须守满三年，因为真正的三年丧就连先秦人自己都觉得太漫长了。孔子的弟子宰我就曾抱怨过："三年之丧，期已久也。君子三年不为礼，礼必坏；三年不为乐，乐必崩。"所以呢，《荀子·礼论》与《公羊传》等将"三年之丧"的时间调整为"二十五月"。所以当你守完第一个三年丧（二十五个月）后，只要没有立马赶上有亲人去世，你就可以去季姒家提亲啦。千万别蹉跎了光阴，这可是血的教训！

言归正传，如果你穿越到先秦赶上一场丧礼，确实挺倒霉的。因为先秦的丧礼不仅费时，还很费力。当你还是高无忌时，你父亲亡去之后，你作为继承人，必须为父亲高不为操办丧事。按着章程，高不为弥留之际，你得将他移入正室，待亲友问疾，之后你再裪五祀。高不为咽气后，你要替他属纩，即拿丝絮放在他的鼻子前面，确定已停止呼吸。接着，你要先向身边的人公布他的死亡。这里要注意一点，先秦人临终时，按着礼仪，男人不用女人侍候，女人也不用男人侍候。所以呢，正常诸侯临终前，在他床头侍奉的应该是内侍或者内小臣，听他说临终遗言的应该是他的儿子或重要的臣下，而非他的妻妾。

人刚死，按着习俗，你必须给你的父亲高不为举行一场招魂仪式。当你找来的巫师跳完大神后，你得立刻把高不为的遗体迁入正寝的南窗下，然后楔齿、缀足①，接下来就是设置灵堂了。完了之后，就该由作为嫡长子的你向亲朋好友

---

①把角柶放入死者口中，再用燕几把死者脚搁起来。这样是为了方便给死者饭含和穿鞋。

发讣告，正式对外放出高不为的死讯。然后依着你父亲的身份制作明旌，以竹竿挑于堂阶西阶之上。

亲戚们收到消息后，肯定都会跑到你家来哭丧。这时，你要跟他们一起哭，要哭得情深意切，不要因为自己是穿越而来和死者没有太多感情就哭得不像那么回事。那样可不行，会被人说的。对了，在小殓前，还必须给高不为的遗体洗一把澡，然后再把"饭含"放在他的口中。放进死者口中的"饭含"，可不一定是米哦。按据等级不同，天子含玉，诸侯含璧，大夫含珠，士含贝，庶民含米。高不为乃世卿大夫，他的"饭含"是珠子。接着，你得给高不为换一身新衣服，盖上新衾，将遗体转移到正堂中，置神主于中庭，燃起火烛。

往下就是小殓了。小殓时会有专门办理丧事的人给死者穿衣，这次穿的衣服和前面不一样，一层层衣服穿好后，会用衾再包一层并绞扎起来。接着，尚在哀思中的你要继续祭奠一下、吊唁一下。因为大殓是第三天的事，这期间，为了防止尸体腐败，你可以弄点冰来。先秦时期，大夫级别的贵族死的时候，一般来说是有冰发放的。因为先秦的贵族从他宣告死亡到入葬，停尸的时间长，没有冰是不行的。小殓完成后，就是大殓，也就是俗称的入棺仪式。入棺后，大家还得披麻戴孝继续哭丧，一直哭到入葬。入葬后，一部分人就可以除服去丧了，但你是他的嫡长子，所以在他入葬后，你还处在丧期。你要想彻底过正常生活呢，等三年吧。在居丧期间，你不得行男女欢娱之事，不得饮酒吃肉，同时还得"苴绖、带、杖，菅履，食粥，居倚庐，寝苫，枕草"。

反正魂穿到先秦，赶上父丧，你就什么都别做了，安心守孝吧。

宁为脱籍户，不做入赘婿

　　"凤凰男"作为时下一个比较热门的话题，不知道引爆了多少讨论。许多妹子围观凤凰男的种种事迹后，纷纷表示不嫁凤凰男。不过，这并不能阻止男人们的臆想，很多梦想穿越的汉子们，就喜欢脑补自己穿越后，没多久就能遇上一个欣赏他、崇拜他且肯为他倒贴的妹子。这可能性有没有呢，在穿越男作为主角的无敌设定中肯定是有的。其实不独穿越故事，类似穷书生或家仆与富家千金相恋后，两人私订终身，然后富家千金各种倒贴，让其进京赶考或者放其自由使他博取军功的套路在古今中外的小说里都有很多。

　　事实上，在先秦时代有没有类似的故事发生呢？答案是有的。只是真实的故事，与其说是男版的"灰姑娘"，不如说是"王子复国记"中的一段小插曲。公元前284年，燕、秦等六国攻打齐国，齐国国君齐湣王在战乱中被楚将淖齿所杀，而他的公子法章为了生存，改名换姓逃到了太史敫（jiǎo）家中做仆人。太史敫的一个女儿觉得新来的仆人样貌奇伟，谈吐非凡。接着，就像很多小说设计的那样，太史敫的女儿看上了这个仆人。于是，妹子开始了各种倒贴仆人的行为。当然，此时的妹子根本不知道这仆人的真实身份竟是王子。两人日久生情，便私订了终身。这个时候，法章把自己的真实身份告诉了太史敫的女儿。之后，田单复国，公子法章成了齐国的新君。就像童话故事里一样，成为齐王的法章立了太史敫的女儿为王后，史称"君王后"。

先秦时期，女方倒贴的事儿不是没有，关键得看你有没有足够的才华和魅力。如果有的话呢，记住一个事儿：你可以渣一点，接受女方以及女方家丰厚的馈赠，但绝对不能入赘。因为在先秦，当入赘女婿不仅是一件丢人的事情，而且还会影响到你的子孙后代，尤其是在魏国。

按着出土简牍《魏户律》的记载："（魏安厘王）廿五年闰再十二月丙午朔辛亥，□（王）告相邦：民或弃邑居壄（野），入人孤寡，徼人妇女，非邦之故也。自今以来，假（贾）门逆吕（旅），赘婿后父，勿令为户，勿鼠（予）田宇。三枼（世）之后，欲士（仕），士（仕）之，乃（仍）署其籍曰：故某虑（闾）赘婿某叟之乃（曾）孙。"根据简牍的内容，可知那些"弃邑居野"，也就是亡籍脱户的人，一旦进入孤寡的人家主动给人做上门女婿，一经查获这辈子基本上就没有再次独立门户的可能，也失去了入仕的机会。三代以后的子孙方可入仕，而且还得在自己的户籍上打上："某虑（闾）赘婿某叟之乃（曾）孙。"可以说在魏国做倒插门女婿简直是毁三代。

不仅毁三代，按着《魏奔命律》的记载，作为倒插上门的女婿，你不仅是发配充军的首要对象，而且在军中的待遇还极其低下，不仅分不到肉，口粮也只有一般士卒的一半，还要在战斗中承担比一般士卒更为艰巨的任务。

基本上，先秦的赘婿那就不是人当的！虽然赘婿也有成功人士，比如淳于髡就是齐国的入赘女婿，他凭借自己的才能得到了齐王的赏识，后来拜为上卿。但需要指出的是，齐国的情况和其他诸侯国相比有些特殊，因为当时齐国的风俗是：家中长女不嫁，要留在家里主持祭祀，否则不利于家运。这些在家主持祭祀的长女，被人称作"巫儿"，巫儿要结婚，只好招婿入门了。因为齐国赘婿的形成和其他诸侯国不一样，自然社会地位也不一样。

一般而言，齐国之外，大部分诸侯国的赘婿地位都很低。低到什么程度呢，基本上赘婿可以算作是半个奴隶。就说秦国吧，商鞅变法的时候，就曾让贫困之家的男子成年后出赘，以增加赋税收入。及至始皇统一天下，民风主体上仍看不上赘婿，而且朝廷在政策上予以歧视，曾令赘婿及囚徒一起赴边屯戍。再说楚国，按着淮南的习俗，一个人把儿子暂时典当给别人做赘子，若是三年过去都拿不出赎身钱的话，赘子就自动变成奴仆。如果运气好呢，遇上"其赘而不赎，主家以女匹之"的情况，赘子就不用为人奴，直接做赘婿了。自然，这样的赘婿社会地位普遍很低。

所以呢，你穿越后宁可做渣男也不要做赘婿。你大可吃妹子的、穿妹子的、用妹子的，但你得把妹子娶过来，而不是把自己"嫁"出去。不过如果你真的在先秦遇上一个乐意倒贴你的妹子，想必你未来的丈人心疼女儿，也不会真的让你入赘。终究他老人家得替自己女儿和外孙着想啊。

这里有一个成功案例，穿越男们可以参考一下。故事的主人公是信陵君的门客张耳。他在信陵君死后，不知什么原因脱籍从大梁城逃亡到了外黄这地方。作为一个黑户，张耳逃亡到黄外后，不得不蜗居在朋友家。此时，张耳身上有以下三大特点：一是身无分文；二是无车无房；三是无户口、无职业。说来上天对他真是特别厚爱，张耳朋友所效力的富豪家有位千金貌美如花，可惜嫁错了人，婚姻生活相当不如意，《史记》很不给面子地用"庸奴"来形容她的丈夫。于是，这位千金就从夫家跑了出来，到了父亲的门客家暂居几天。富家千金暂居的门客家就是张耳寄居的朋友家。张耳很好地把握了这个难得的机会，迅速勾搭到富家千金。而后，富家千金跟前夫离婚，带着丰厚的嫁妆嫁给了张耳。娶了富姐后，张耳立刻脱贫致富，摆脱了游民的身份，在外黄安家落户。日子越过越好，张耳甚至还有不少闲钱去养门客，据说甚至有千里之外的人慕名来投。最后，张耳还做上了外黄的县令，并且声名远播。可见，张耳的岳父一定没少花钱，其次他也没舍得真让女儿嫁赘婿。虽然都是倒贴，但是为了女儿和未来外孙的命运，就算是全倒贴，也不能让女婿变赘婿。

　　穿越到先秦，你要么做一个彻底的渣男，要么就老老实实地打拼。赘婿的美梦就不要做了，因为那只能是噩梦。

柒

一次说走就走的旅行

原汁原味的吴越风情，尽在江南地区！虽然此时的江南还比较荒凉，但为了南大荒的开发，该线路不收取任何费用。

浪漫楚国

　　正所谓巴山楚水凄凉地，楚国一直是一个烂漫、富有诗意却又让人伤感的地方。千百年来，楚地培育了无数文人骚客，留下了众多脍炙人口的诗篇，屈原之《离骚》，老子之《道德经》，无不流芳百世，为人称赞。穿越到楚国，亲自感受这些灿烂的先秦文化，向先人讨教，可说是文艺青年的不二选择。除此之外，楚地的大山大水、民俗风情也值得一顾，或许你还能偶遇一干在史书上出现的主角配角们。那么，哪里才是最好的观光所在呢？

郢都

　　来到楚国，郢都是一定要去看看的。郢都作为楚国国都，是国中贵族聚集之地，也是各诸侯国的时尚风标。在这里，你可以看到楚国最繁华的一面，只要有能力，你就能吃到最美味的食物，结交到最尊贵的朋友。但楚国的郢都和别的诸侯国很不一样的是，它在楚国的历史上并不总固定在一个位置。春秋到战国，楚人曾迁都好几次，把郢都从最早的丹阳迁到了江陵，再从江陵迁到了陈，再从陈迁到寿春。这也是为什么丹阳、江陵、寿春都曾被称为"郢"的原因了，因为楚国人有无论国都迁到哪里，哪里都是郢都的习惯。另外，楚人还喜欢把王居之地称为"郢"。所以楚简里的郢比史书里记载的郢都还要多得多。在这些都郢或者城郢中，个人最为推荐寿郢。因为这是楚国最后的一个郢，它的坐标在今安徽省的寿县，虽然它没有像其他在湖北省的郢都那样见证楚国辉煌的过去，但是它陪伴着楚国经历了最后的落幕。走在寿郢城里，你可以感受到大厦将倾下的纸醉金迷。

章华台是楚灵王"举国营之，数年乃成"的宏大建筑，被誉为当时的"天下第一台"。章华台落成后，楚灵王非常高兴，希望和诸侯一起举行落成典礼。但是呢，这个想法实现起来颇有难度，最后还是太宰薳（wěi）启疆亲自出马，才请来了鲁昭公。史载章华台"台高十丈，基广十五丈"，极其巍峨，人们登临时，中途不得不停下来休息三次才能登上宫阙。由此，章华台又多了一个别称，叫"三休台"。

屈原在《九歌》中曾用"鱼鳞屋兮龙堂，紫贝阙兮朱宫"来描绘河伯水下宫殿的奢丽。而艺术源自生活，却又高于生活，屈原诗歌里所描绘的景物，想必离不开他的贵族生活，是他亲眼所见的存在。早些年，考古学家在湖北潜江市龙湾发掘出了楚王宫殿遗址，遗址中就出现了一条以紫贝缀砌的径道，它宽约2.4米，长约10米。这倒是和"紫贝阙兮朱宫"相吻合了。另有关于龙湾楚王宫殿遗址的一种说法，便是认为此处乃章华台遗址。不管是也不是，我们有理由相信两千多年前章华台的内部装修应该不会逊于《楚辞》中河伯的水下宫殿。

云梦泽

正所谓"楚有章华台，遥遥云梦泽"，提到章华台，怎能不见云梦泽呢。要知道，云梦泽是继章华台之后，楚国的第二块招牌。唐太宗在《出猎》中写道："楚王云梦泽，汉帝长杨宫。岂若因农暇，阅武出轘（huán）嵩。"可见云梦泽乃是一个出猎的好地方啊。没错，云梦泽原本就是楚王的狩猎区。

传闻楚庄王在云梦泽打猎时，射中了一只随兕（sì）。兕，俗称犀牛，确切地说是单角的犀牛。那会儿的人觉得遇上兕是很不吉利的事。关于周昭王为什么南巡不归，按着《竹书纪年》的另类说法，就是因为周昭王遇上了大兕啊。楚庄王倒是幸运，因为楚国有替大王背锅的传统，所以忠心的申公子培主动抢在大王之前把随兕夺走了。因为那会儿流行一种说法，射杀随兕者活不过三个月。结果，不到三个月，子培就真的生病死了。所以在云梦泽看看就好，不要胡乱射猎，尤其是兕。兕这样的"神兽"，你还是避而远之的好。

兰陵

去兰陵做什么？自然是去光顾兰陵县荀子儒家学院啊。前有鬼谷，后来兰陵。想想有机会和韩非子、李斯这样的人物做同学，是不是有些小激动呢。兰陵荀子儒家学院虽然办学时间不长，但知名校友层出不穷，有著名法家代表韩非子以及后来担任秦朝丞相的李斯。兰陵是他们辉煌人生的起点，恰同学少年，来一场偶遇岂不妙哉。围观名人成长史，也别有一番趣味。

再往后看，汉并天下之后，汉高祖刘邦的弟弟楚元王刘交的老师浮丘伯亦是从兰陵荀子儒家学院毕业的。浮丘伯是汉初的大儒，本人尤擅作诗。不仅如此，精通律历的汉文帝丞相张苍同样是从兰陵出来的。

由此可见，兰陵是个能出大学者的地方。所以穿越到先秦怎么能不去兰陵就学？你须知道，在战国末期还有哪个儒家夫子教出来的学生就业率能有荀夫子教出来的高啊。荀子老师一定不会限定你的思维和创造力。来兰陵跟着荀子学儒家，绝对是一个正确的选择！

泛舟汉水之上，寄身水天之间真是个不错的主意。但是舒展情怀之际，不要忘了祭奠先人。唐代诗人梁洽在《观汉水》中吟道："求思咏游女，投吊悲昭王。水滨不可问，日暮空汤汤。"我们要祭奠的这位先人，就是可敬又可爱的周昭王。他是西周第四代天子，其子就是威名远播，去西王母那儿做过客的周穆王。作为穆天子的老爹，周昭王也不是吃素的，他老人家曾经两次伐楚，第一次大获全胜，第二次却永远地留在了汉水里。至于他老人家为什么南巡不归留在了汉水里，史学界众说纷纭。其中，最有意思的说法是：周昭王乘坐的船是楚人用胶粘的，船行驶到江心之后，胶溶于水，船就悲催地散架了。周昭王约莫是不会潜水，就这样沉进了汉水，一去不复还啊。

这事儿还一度被翻旧账，被其他诸侯国用来质问楚国。春秋时，齐桓公就曾集结大军前往楚国责问其为什么不纳贡，为什么周昭王南巡不归。楚成王回道："贡品没有送来，这确是寡人的疏忽。至于周昭王为什么南巡不归，寡人也不知道啊！周昭王既然沉在汉水里，那么你去问汉水好了。"楚成王把周昭王南巡不归的罪过归在汉水身上,虽然汉水无辜,但也再次印证了周昭王埋骨于汉水,南巡不归的事实。所以穿越到楚国的你游玩汉水之余,可不要忘了祭奠一下这位天子哟。

另外呢,两千多年前汉水的生态环境特别好。你不仅可以在汉水看见诸多的江豚,还能见到在二十一世纪几近灭绝的白鳍豚。白鳍豚,那可是水中的大熊猫,在二十一世纪你想看都不一定看得到,最多只能看标本或者图片。不过,就是标本那也保存得不多。但是在两千多年前的汉水里有的是江豚和白鳍豚,你可以爱怎么围观就怎么围观。只是你须记得不要胡乱投放食物,否则容易把江豚和白鳍豚成群招来。它们的爱好可是拱船哟。除非你想下水去和周昭王做伴,不然汉水游览时请不要招惹众多的江豚和白鳍豚。

汨罗江总得去一去。毕竟这是屈原在人间最后的停留之地,总得去祭奠一番。屈原举身投江,虽说是他自己的意愿,想以己身之死唤醒君王和臣民的觉悟,但毕竟让人遗憾。他在绝命诗《怀沙》中写道:"知死不可让,愿勿爱兮。明告君子,吾将以为类兮!"可见屈原自沉的决心是多么坚定,他已将生死置之度外了。作为他的读者、他的粉丝,不去汨罗江感怀一下屈大夫也说不过去。不过穿越到先秦,只要掐准时间、踩好地点,你不仅可以感怀屈大夫,或许还有机会目送他一程。兴许还能上前劝住他也说不定呢,不过以他自沉的决心来讲,可能性比较低。如果时间再早一些,早到屈原还是个踌躇满志的少年,你大可以陪他把酒言欢,笑谈人生。

淮水

淮水一带风光旖旎，倒也可以走走。不过要想尝到本地特产的橘子，还得往淮南走，而不是淮北。为什么呢？因为南橘北枳啊。"后皇嘉树，橘徕服兮。受命不迁，生南国兮。"橘子是楚国最著名的土特产，一定要尝一下。至于苦涩的枳，你若好奇，倒不妨一试，想来某些好奇心旺盛的客官，一定不会听小柳这个导游的劝，定会找机会试试北枳的滋味。另外，楚国地界还出产柚子，遇上了一定要尝一尝，不知道和今天这些改良品种相比，其味如何？

巫山

巫山，这是个好地方啊。正所谓"曾经沧海难为水，除却巫山不是云"，即使在今天，它依旧是个让人神往的地方。料来两千多年前的巫山风景更甚，这里的一切都是造物主的奇迹。就说飘荡在巫山的云，就不是一般的云，按着楚国大诗人宋玉的解释，这巫山的云，可是神女幻化的。神女也被称为"巫山神女"，她"旦为朝云，暮为行雨，朝朝暮暮，阳台之下"。你可以考虑在这待上几天，没准可以遇上神女姐姐呢。就算没遇上神女姐姐，巫山的风光也一定会让你挪不开眼。因为巫山隽永秀丽，按着陆游在《入蜀记》的记载，巫山"峰峦上入霄汉，山脚直插江中，议者谓太、华、衡、庐皆无此奇。然十二峰者不可悉见，所见八九峰，惟神女峰最为纤丽奇峭，宜为仙真所托……是日，天宇晴霁，四顾无纤翳，惟神女峰上有白云数片，如鸾鹤翔舞徘徊，久之不散，亦可异也。"巫山这么美，你一定不会失望的。

恢弘秦国

对比先秦诸国，我想再没有一个国家比秦国更合适穿越了，因为只有穿越到秦国，你才有机会做一个半文盲，而在其他诸侯国你只能是一个全文盲。不仅如此，秦国作为最后一统天下的国家，自是大事件频发的地方，你若在这定点围观，想来一定会遇到很多精彩故事。不过你若是汉子，也得注意自身安全，别被抓去充军，上演战场惊魂记。

咸 阳

穿越到秦国，咸阳城一定是要去的。咸阳作为秦国的都城，乃是整个国家政治、文化的中心所在。在这里，你可以最直观地感受到两千多年前的秦人风俗。他们的生活，他们的故事，他们在时代变革中所经历的一切，你都可以观察到。

咸阳这座城市处处都是历史，可以着墨书写的地方实在太多。且不说秦国人那壮美的王宫，单论咸阳这座城，那就是一个丰富的故事库。咸阳城的古老故事开始于公元前二十一世纪，彼时有邰氏和有扈氏的封邑就在它附近。到周武王伐纣，周并天下，定都镐京的时候，武王封其弟姬高于毕，也就是咸阳原。从这时起，咸阳经历了赫赫宗周最辉煌的历史，但在故事的中途，它没有陪着周朝走到最后。周平王东迁以后，咸阳渐渐成了秦人最辉煌的都城。与此同时，它见证了大秦帝国短暂的统一，亲睹它仓促落下帷幕，走下历史舞台。咸阳这座秦人繁华之都，你在造访时，一定会生出许多感慨。

"一朝长平败，伏尸遍冈峦。"长平这地方，在长平之战后名气飙升，不过大家可不是欣然向往，而是陡然生出许多敬畏，不太愿意涉足。你若穿越到秦国，也可以前往战后的长平，悼念一下亡者。如果你穿越到秦国的时间很不巧，恰逢周赧王五十三年至五十五年（公元前 262 年—公元前 260 年）之间，而你又不小心被抓了壮丁，那么长平这个地方你想去也得去，不想去也得去。长平之战中，秦国投入了大约六十万的兵力来对抗赵国，几乎征用了国内所有壮丁。秦人为了争夺长平，可以说是下了血本。功夫不负有心人，最终秦军在名将白起的指挥下赢得了这场战役，攻占长平，并且坑杀赵国四十万降兵。赵国经此一役元气大伤，形势变得极为不利，但与之相反的是，此战方便了秦国踏平赵国，可以说为秦的大一统事业又添一笔功绩。除此之外，此战也是中国古代军事史上最早、规模最大、最彻底的围歼战。参与长平之战，你可以感受到秦国的铁血以及战争的残酷，这将会是你穿越生涯中一段很特别的经历。你若平安归来，侥幸不死，它就是你最值得炫耀的谈资。

渭水

"西秦饮渭水，东洛荐河图。"渭水对秦国的重要性不言而喻，好不容易来一趟秦国不去渭水看看怎么行呢。古诗中关于渭水的句子实在很多，不过流传甚广的是出自《诗经·邶风·谷风》的诗句："泾以渭浊，湜湜其沚。"因为这句诗正是"渭泾分明"的出处。渭河呢，是黄河的最大支流，而泾河又是渭河的最大支流，当泾河和渭河交汇的时候，由于各自含沙量的不同，会呈现出一清一浊两种颜色不一样的水同汇一河又互不相融的奇特景观。穿越到两千多年前的秦国去身临其境地感受一下最真实的"渭泾分明"，这不是很赞嘛！

渭水除了"泾渭分明"这一大特色外，它还是秦国重要的漕运要道。史载公元前647年，晋国发生大旱灾，无法靠自身度过灾难的晋国只好向秦国请求援助。大方的秦穆公给晋国支援了大批粮食，而秦国为晋国运输物资的方式就是船运走水路，沿渭河顺流而下，溯黄河、汾水而上，直到晋国都城绛。可想而知，两千多年前的渭河中下游水量充足，河道上的船只怕是相当密集呢。这千帆竞过的景色，比起单纯的江景来说，又平添了几分生动颜色。

秦岭

秦岭是个一路欣赏，一路赞叹的好地方。尤其对于喜爱动物的客官来说，那里简直就是天堂。因为秦岭里生活着许多萌物，比如大熊猫、朱鹮、金丝猴等等。不过它们虽然看上去十分可爱，但毕竟野性十足，建议你只可远观，不可亵玩。并且，有萌物的地方自然也有非萌物出现，可怕的蜘蛛、蛇等家伙没准就藏在腐叶里准备偷袭你呢，大型猛兽也在一旁虎视眈眈，所以一定要以安全为上，最好是请个当地人充当导游。

事实上，秦岭之美，不单在于大自然的馈赠。司马迁在《史记》里评价说："秦岭，天下之大阻也。"可见秦岭险阻。正是如此，它在很长的一段历史时期里，庇护了从东边迁移过来的嬴姓族群。而且它还见证了嬴秦是如何从周王天子的弼马温一步步努力经营，最终取代周天子成为天下之主的。可以说，秦岭就是秦国的屏障，是秦国忠实的守护者。所以这趟秦岭之行既是自然风光之旅，又是历史文化之旅，你千万别错过啦。

华山

游完秦岭，自觉仍不过瘾，何不登临被誉为"奇险天下第一山"的华山呢。这里山势险峻，壁立千仞，风光独好。比起现在的华山，彼时道路更窄，山势更险，你敢来战吗？

《尚书·禹贡篇》记载，华山乃"轩辕黄帝会群仙之所"。而且按着《史记》的叙述，黄帝、虞舜都曾到华山巡狩。可见华山虽险，但古人很早就试图攀登它。那么有没有人登上山巅呢，自然是有的，比如秦昭王。他就曾命工匠施钩搭梯修筑上山之路，借此攀上过一次华山。怎么样，比起秦昭王，你的胆量又如何呢？

如果你想尝试一下，那么攀登时一定要注意安全。想来你也注意到了，两千多年前的华山比之现在，登山难度更大。

等你心惊胆战，花了好大气力登上山后，不觉猛然生出一股勇气，自以为胆量不错，心里难免有些得意。不过山风盘旋，没多时就把沉浸在美景中的你冷得直打哆嗦。这时，你想着赶快下山去，不过华山自古一条道，虽说勇者不走回头路，但是下山必然是要走回头路的，不然你没法儿下去。

这上山容易下山难的问题就显现出来了，下山的时候，望一望那悬崖峭壁，直让人两股战战。恐高害死人呐，不敢下山怎么办？这问题，可不止你遇到，唐代大诗人韩愈也遇到过。韩愈曾携友人同登华山，上山没问题。下山的时候，韩愈恐高死活不敢下山，当即情绪崩溃，发狂般号哭，并且写信与家人诀别。最后呢，事情被报到华阴县衙，县令派人花了好一番力气，才把韩愈从山上救下来。所以你还是鼓起勇气下山去吧！且行且珍惜。若是胆量不够就不要登山了，在山下仰望唏嘘一阵就算了。

骊山

去骊山散步、泡温泉也是个不错的建议。虽说始皇建骊山汤这事儿你可能赶不上，自然也泡不成这鼎鼎有名的骊山汤，但天然温泉想必还是有的。而且骊山周边还有不少的宫殿建筑群，它们不仅有秦国修建的，还有赫赫宗周的呢。另外，据说西周时期骊戎的故地也在那里呢。所以穿越之后，不妨去骊山那儿转转。

函谷关

函谷关，这个地方太重要啦！在春秋战国时期，它可是东去洛阳、西达长安的咽喉之地。只要占据这座紧靠黄河岸边的雄关，就可以捏住洛阳至长安的交通命脉。而且函谷关易守难攻，战国时期楚怀王举六国之师伐秦，秦国就是依靠函谷关天险，使六国军队"伏尸百万，流血漂橹"。由此可知，函谷关具有多么重要的战略意义。另外，相传伟大的老子就是骑着青牛经过函谷关去往秦国的。所以穿越到先秦，即使你对战国时期的争霸之战不感兴趣，也可以跟随老子的脚步沿途看风景啊。

秦长城

"不到长城非好汉"，穿越到先秦，虽然爬不了明长城，但还可以爬爬秦长城嘛。别逗了，秦长城不是秦始皇修筑的吗，孟姜女哭长城哭的不就是它，这会儿哪有？你这是被误导了。战国时期，面对北方少数民族的入侵，秦国在北方边境修筑起长城进行抵御。长城这项防御工事在秦国开疆拓土、争霸天下的事业中做出了很大的贡献。依托长城，秦只需派出少量军兵把守，就可以很好地防御北方匈奴的侵扰，腾出力量征战六国。不单秦国，同在北方的赵国、燕国以及与楚为邻的齐国也纷纷修筑长城。后来秦始皇筑长城就是在秦、赵、燕三国原有长城的基础上进行的。所以穿越之后，你就有机会见识到秦长城最原始的姿态啦。

金戈三晋

你若是雄心壮志的好男儿，想要在战场上名显天下，那么战国时期的三晋地区就是最好的选择。这里是中原腹地，为兵家必争之所在，从春秋到战国就一直战火不断。三家分晋前，晋国的存在让战场圈定在郑、宋、卫等小型诸侯国的土地上。三家分晋后，原有的中小型诸侯国被灭，三晋地区遂成为主要战场。在这一历史时期，三晋地区爆发了大大小小许多场战事。而斗争最激烈的则是韩国的上党郡，那里简直就是刀兵所向之地，秦国、赵国以及韩国在这里投入大量兵力，互掐了相当长一段时间。穿越到三晋地区，你可以感受最真实的、常年处在征伐中的繁华之城，如邯郸、大梁等等。

邯郸

邯郸城自然是必须走上一遭的。因为这里既有美人，又有美酒，还有不少英雄故事。战国时期，能歌善舞的邯郸倡优可谓名满天下，六国中不少倡优出身的宠姬都是从赵国来的。套用司马迁的话来说，赵国的妹子"鼓鸣瑟，跕屣，游媚贵富，入后宫，遍诸侯"。来到赵都邯郸，相信你一定有机会一饱眼福。

邯郸这地儿除了美人和美酒闻名天下之外，其实最有名的还属这座城本身。这座城历经了无数战火考验，却仍然屹立不倒。战国时期，发生在这里的最有名的一场战争，莫过于周赧王五十六年至五十八年（公元前 259 年—公元前 257 年）秦国与赵、魏、楚联军在赵国都城邯郸进行的一次城池攻守作战。这场邯郸之战也被人称为"邯郸保卫战"，号称是"战国版斯大林格勒保卫战"。小柳并不建议你在邯郸之战期间逗留在邯郸城，要知道在这场战争中，秦国人可是前后投入了好几十万人来围攻邯郸。邯郸城中的守兵和秦军完全不成正比，城中亦是妇孺皆兵。等邯郸保卫战拖到第二年的时候，虽然城外秦军死伤惨重，但城内的人也好不到哪去，而且此时的邯郸城内出现了严重粮草危机。

为了能活着战斗下去，邯郸城内甚至出现了"以骨为炊，刲子而食"的现象！但为了保卫都城，拒敌于城外，赵人仍然一日日坚持了下来。直到周赧王五十八年十二月，楚魏联军赶到邯郸外围救援，久攻不下的秦军在三面受敌的情况下，才全线崩溃，撤离赵国。赵国人就这样顽强不屈地保卫住了邯郸。邯郸之围持续了两年，这期间的邯郸建议穿越的各位绕行，去别的地方玩赏。即使想要上战场，也请亲们量力而行啊。

晋阳

若是你穿越到赵国，晋阳城自然得去瞧上一瞧，因为晋阳是赵氏家族最初的封地。不过，这座城也是兵家必争之地，在历史上曾被水淹过好几次。最著名的一次，发生在周贞定王十四年（公元前 455 年）的"晋阳之战"中，历时两年。这场战争也被称为"晋阳保卫战"，起因是晋国卿权之争，智氏带着韩氏、魏氏一起攻打赵氏，打算吞并赵氏。于是，这三家的军队就开始围攻赵氏的晋阳。久攻不下的智氏最后决堤引水淹了晋阳。晋阳城的赵人斗志并没有被水浸没，他们支棚而居，悬锅而炊，易子而食，依然坚持抗战。这时，守城的赵氏家主赵襄子看出了韩、魏两家与智氏之间的矛盾，决定加以利用。他派遣张孟谈趁夜潜出城外，秘密会见韩、魏两家的家主，晓以大义地阐述了唇亡齿寒的道理，说服韩、魏两家暗中倒戈。最终，赵氏、韩氏、魏氏三家结成联盟灭了智氏，晋阳城得以保住。

在晋阳、邯郸两场保卫战中，我们可以看出赵人战斗力相当高，而且韧性极强，不管是在春秋还是战国一直都很拼命，其打保卫战的经验十分之丰富。游览晋阳或者邯郸，英雄们以血肉捍卫城池的画面一定能给你留下深刻的印象，深深震撼你的内心。参观完赵国的两大城市，接下来就去魏国和韩国看看。

大梁城作为魏国的都城，是游历魏国必去的地方，没去过大梁，怎能算到过魏国呢。不过，大梁城并不是魏国最初的都城，其早先的名字也并非叫"大梁"。魏惠王六年（公元前364年），魏国将国都从安邑迁至仪邑，改称"大梁"。说起来，除了晋阳十分倒霉，被水淹过数次之外，大梁城在历史上也被水淹过几次，而最早的一次就发生在秦王政二十二年（公元前225年），秦兵引鸿沟之水淹灌大梁城。在被水浸泡了三个月之后，魏王假无奈地向秦军投降，从此魏国灭亡，大梁变成了秦国的浚仪。

来到大梁城，你不用担心生活水平不够高，毕竟先前李悝变法为魏国打下了良好的基础，作为魏国的都城，大梁自然不会简陋到哪里去。不过这座城如今已掩埋在漫漫黄沙之下，令人叹息。

新郑

新郑，它在春秋时期是郑国的都城，而到了战国时期，则摇身一变成了韩国的都城。除此之外，它还是楚人心心念念，一心想要回归的祝融氏的故城。历史总是很玩味，楚人曾打下半个中国，甚至把土地扩张到今山东省南部，但就是没能回到他们最想去的祝融之虚——新郑。

新郑这座两朝都城，或许没有邯郸、大梁来的繁华，但它也有自己的独特风格。而且战国时期有不少思想家，他们的家乡就在韩国。你来到韩国，时间对了，还能遇到韩非子呢。若能与他一席长谈，想来必是受益匪浅。若是来晚了，你就只能参观韩非子的故宅了，不过运气好，转角出门就遇上张良也说不定呢。

伊阙

伊阙，这地名很多人会觉得陌生，但是如果我告诉你，这地儿又叫龙门，想来你一定会说"我知道，那里有龙门石窟"。两千多年前的龙门叫伊阙，那里没石窟，但是在那里发生过一场很重要战役，即"伊阙之战"。

伊阙是洛阳东面的门户，地理位置十分重要。周赧王二十二年（公元前293年），秦国为打开东进中原的通道，任命大将白起攻打伊阙。白起不负使命，歼灭韩国、魏国、东周联军，夺得了伊阙。从此，韩魏两国门户大开。失去伊阙之后，在周赧王二十四年至二十六年（公元前 291 年—公元前 289 年）的两年时间里，秦国先后攻占了韩国的宛、叶、邓，魏国的轵、河雍、蒲阪、皮氏等大小约六十一座城池。伊阙之重，不言而喻。

洛阳，这可是周天子东迁后的天下之都。春秋时期，洛阳的富庶不会输给任何诸侯国的都城，即使到了战国，这里仍是富庶之地。而且相对中原地区的其他都城，洛阳可能是受到战火侵扰最少的城市。在这里，你可以度过一段相对平静的时光。

洛阳有发达的商业体系，不过在时代的步伐中，已经明显落后于秦人的都城咸阳。这个时代已经不属于宗周，它属于天下诸侯，属于慢慢崛起的秦国，它最终展现在历史面前的是统一的大秦帝国。游览洛阳，虽说比不得当初的镐京那么庄重肃穆，但你仍可以体验一番什么是赫赫宗周的气派。

礼仪齐鲁燕

　　齐鲁两国，在今山东境内，因之山东又称"齐鲁大地"。这两个国家同是礼仪大国，但关系复杂，可以说剪不断，理还乱。所以比起齐鲁，齐燕两国更像是一对好基友。遥想当年齐桓公救燕，攻打山戎，一直打到孤竹才停下。燕庄公为了表示对齐桓公的感激之情，把他送到齐国边境才离开。齐桓公说："不是天子，诸侯向送不能出境，寡人不可以对燕无礼。"于是，齐桓公把燕君所到的地方割给了燕国。可见两国交往匪浅，情谊深厚。不过这对好基友最后却闹翻了，由相亲相爱变成了相爱相杀。你游完三晋之后，可以由韩国向东前往鲁国，然后北上齐国和燕国。

曲阜

　　来到鲁国，怎么可以不去孔子的故乡曲阜看看呢。曲阜古称"少昊之虚"，传说上古时期炎帝、黄帝和少昊都曾在这里定都。商朝时，曲阜名"奄"，曾在商朝数次迁都中成为其都城。到了周朝，它成为鲁国的都城，在以后的很长一段时间里，它的名字就叫"鲁"。这儿不仅是孔子的家乡，更是鲁国的经济文化中心。

俗话说周礼尽在鲁，在孔子旧里，你一定能感受到满满的宗周礼仪。友情提醒一下，鲁国的酒比较寡淡不是很好喝，比不得赵国的美酒，娱乐事业也没有齐国发达。来这里主要是感受一下礼仪，要吃喝玩乐呢，还是推荐邯郸、临淄或者郢。

泰山

离开鲁国前往齐国的途中，不如顺道去泰山祭祀一番。"登泰山而小天下"，登上泰山，放眼望去，你也会发出"会当凌绝顶，一览众山小"的赞叹。泰山，作为五岳之首，它的历史地位一直都很高。据《史记·封禅书》记载："齐桓公既霸，会诸侯于葵丘，而欲封禅。管仲曰：古者封泰山禅梁父者七十二家，而夷吾所记者十有二焉，昔无怀氏封泰山，禅云云；虙羲封泰山，禅云云；神农封泰山，禅云云；炎帝封泰山，禅云云；黄帝封泰山，禅亭亭；颛顼封泰山，禅云云；帝喾封泰山，禅云云；尧封泰山禅云云，舜封泰山，禅云云；禹封泰山，禅会稽；汤封泰山，禅云云；周成王封泰山，禅社首：皆受命然后得封禅。"可见历代的君王都很重视泰山的封禅仪式。确切地说，能够在泰山封禅，可是很多君王的毕生追求。因此呢，过泰山却不造访，怎么想都很可惜。

临淄

齐都临淄的繁华程度在很长一段时间里都居于列国之首，人口在几百年里更是连续夺魁，《史记·苏秦列传》载："临淄之中七万户……临淄甚富而实……临淄之途，车毂击，人肩摩，连衽成帷，举袂成幕，挥汗成雨，家殷人足，志高气扬……齐之强，天下莫能当。"临淄不仅商业发达，物阜民丰，而且还是文化之都、音乐之都、娱乐之都。我想临淄，一定能抚平你在三晋战乱与动荡中产生的倦怠。

稷下学宫，乃是齐国思想碰撞最为激烈的文化之地。来到临淄，不妨去稷下学宫听一听大师们的讲座。春秋战国这一历史时期最大的特点之一就是各流派争芳斗艳，呈现出一派欣欣向荣的百家争鸣之势，而稷下学宫就是各派著书立学，宣扬本派学说的绝妙之所。因为稷下学宫十分具有包容性，几乎容纳了诸子百家中的绝大多数学派，鼎盛之时汇集的学者多达千人左右。"不治而议论，是以稷下学士复盛，且数百千人。"在这里，无时无刻不上演着一场又一场激烈的论战，他们为了自己的观点据理力争，因此经常出现各种"互掐"。孟子在稷下学宫就有不少掐友，即使他老人家仙逝，仍有不少知名学者写长篇大论来反驳他的观点，而其中，最著名的莫过于儒家学派的后圣——荀子先生。虽然同为儒家，但是荀子主张"人之初性本恶"的观点和孟子主张"人之初性本善"的观点截然不同。所以荀子的著作中有相当一部分的内容是在反驳兼讽刺孟子的。对了，荀子还曾当过稷下学宫的首席讲师。不知道你有没有好运气，可以遇见这些曾在稷下学宫的先贤们。

来到临淄呢，有机会一定要去听听《韶》乐。自从孔子在齐国闻《韶》，便"三月不知肉味"，甚至发出"不图为乐之至于斯也"的由衷赞叹。齐国《韶》乐可谓中国古代乐舞中技压群芳的雅乐典范，更是被儒家尊为治国安邦、教育国子、祭祀宗庙的必备之乐，可见《韶》乐魅力之大。难得到了临淄，不听听总叫人遗憾。

临淄这么一座人声鼎沸的大城市，还有其他一些新鲜好玩的事物吗？自然是有的，不如来看一场两千多年前的足球比赛，也就是蹴鞠比赛吧。这项运动在齐国非常流行，因而有许多大小球会，并且不少王室成员都是蹴鞠的忠实粉丝。如果战国七雄举办"争霸杯蹴鞠比赛"，我想齐国队应该是夺冠的大热门。

看完比赛，不妨去女闾消遣一番。不去女闾，焉知齐人的生活到底是如何多姿多彩。齐国早在齐桓公当政时，就在管仲的倡导下进了经济改革。正所谓"仓廪实而知礼节，衣食足而知荣辱"，生活水平提高后，娱乐行业自然也就有了长足的进步。在这种情况下，管仲在齐国开设了女闾。女闾，用现在人的说法也就是高级会所，里面的歌姬、舞姬、美人、女乐承接各种服务。提醒一下，去女闾一定一定要带够钱哦。

黄金台

黄金台是个不错的旅游景点。公元前 311 年，燕昭王即位，他为了能够振兴燕国，开始招贤纳士。为此，他建造了一座新台，史称"黄金台"。其实最早人们说起此台，是没有"黄金"二字的，自从南北朝时期的宋国诗人鲍照的一句诗"岂伊白璧赐，将起黄金台"流传开来以后，才被称为"黄金台"。此外，唐诗也有不少与之相关的诗句。其中李贺在《雁门太守行》中就写道："报君黄金台上意，提携玉龙为君死。"

易水

易水是黄金台之外，另一个被打上燕国标签的地方。这不仅因为荆轲拜别燕太子丹，西去秦国时唱的那首"风萧萧兮易水寒，壮士一去兮不复还"的歌谣，更是因为易水是燕国招贤纳士的另一个象征。如果说黄金台是燕国招纳天下志士的地方，那么易水就是送别那些志士的地方。唱着《易水寒》离开的荆轲为了燕太子丹不惜舍命行刺秦王政，真真是"士为知己者死"，令人佩服。来到燕国的易水边，揣摩荆轲离别时的心境，唏嘘感慨，不胜惆怅。

风情吴越

俗话说："上有天堂，下有苏杭。"穿越之后怎能不去人间天堂的江南呢！只不过，两千多年前的江南没有南朝四百八十寺，也没有繁华如汴梁的杭州，可以说在两次大规模的北人南迁前，江南还是一个比较荒凉的地区。但是荒有荒的好处，在这里你可以体验到原汁原味的吴越风情。为了南大荒的开发，该线路不收取任何费用，适合有志青年。

姑苏台

先秦时期的南大荒远比现在的苏杭更接近天堂。虽然两千多年前的吴越没有闻名遐迩的苏州园林，但是它有宏伟壮观的宫殿建筑。

姑苏台，就是这许多建筑中最得意的作品。唐人八卦手札《述异记》上说：吴王夫差修造姑苏台，花了整整三年才修造成。姑苏台曲折环绕，方圆五里，整个建筑都有豪华的装饰，耗费许多人力，里面蓄有宫伎千余人。吴王夫差还在姑苏台上建造春宵宫，供他在里面通宵饮宴，逍遥作乐，又制作能盛一千石酒的巨型酒杯。之后，他还修建了一个巨大的水池，池中停放一只青龙舟，上面置放歌舞伎与乐队，整日跟"西施"一块儿在水上玩耍嬉戏。这还不算完呢，热爱到处修宫殿的吴王夫差又在宫中修造了一座灵馆馆娃阁，馆中置放铜床，门槛用玉石砌成，周围的栏杆则用珠宝、玉石作为装饰物。

虽然唐人写得实在是有些夸张，但姑苏台规模确实不小。作为吴王夫差的享乐之所，姑苏台之景冠绝江南，闻名于天下。你若有机会在姑苏台上走一走，那就不虚此行了。

现在的淹城遗址是江苏常州的一个景点。不过纵然遗址保存得再好那也只是遗址，它始终缺少生气。你离开姑苏台后，可以前往此处看看那淹城人来人往的样子。你在城里逗留之际可以观察人们的日常生活，顺便打听打听淹城的来历。淹城是由什么人修造的，答案众说纷纭。一说，周初时奄国之民从曲阜之东迁徙而来，始建淹城；一说，春秋晚期时的吴国公子季札因不满阖闾刺杀吴王僚夺取王位，决心与阖闾决裂，"终身不入吴国"，于是在封地延陵筑城，名为"淹城"。若能揭开这一谜题，也是一桩美事。

钱塘江

来南大荒观钱塘江大潮，你可以享受一个人包场的感觉。钱塘江大潮是世界三大涌潮之一，可与之媲美者，唯有印度的恒河大潮和巴西的亚马逊河大潮。如今钱塘江每到汛期就人潮涌动，时不时还发生踩踏事件，观潮已经变成一件拼体力的事了。不过观潮可不是现代才兴起的活动，而是从汉魏一直流行到今天的。可以说，在这期间每年来钱塘江观潮的人都很多。尤其到了近代，大多时候观潮变成了观人。如果你想享受一个包场的感觉，那就来先秦吧。

先秦时期，基本上不流行观潮，也没什么人观潮，因为南大荒的江南本来就没什么人，游客自然也很少。而且这里的土著对观潮没多大兴趣，除了穿越客外，大多数游人看见涨潮的第一反应就跟着土著们一起向后跑。只有大无畏的穿越客会留在此地享受一个包场观潮的感觉。虽然钱塘江大潮很壮丽，但是你最好找高处站着，然后自求多福，注意安全。因为你若不慎被潮水吞没，别指望先秦时期的南大荒会有"警察叔叔"来冒死搭救像你这样穿越而来的"驴友"。

南临吴越，以观沧海。又是一个人的包场时间，这感觉实在太赞！沧海也就是东海，其水清沧，一望无际。穿越到先秦时期的吴越，怎能不去海边看看呢。"春江潮水连海平，海上明月共潮生。"静观沧海，十分妙哉。

江南的海滩很有特点，它一般不是沙滩，而是沙泥滩。海滩上还有好多小螃蟹，穿越后的你可以撩起裤腿，一边欣赏美丽的大海，一边抓小螃蟹。想想就很美好呢。幸甚至哉之际，你还可以脱了衣服，下海游泳。不过那会儿海边可没有职业"救生员"，若你不想变成精卫去填海的话，那么请务必注意安全，不要往水深的地方游。

长江

秋风起，鲈鱼肥。来江南，尤其是长江的入海口，一定要品尝一下鲈鱼。长江里的江鲈鱼可是中国特有的水产品，口味肥嫩，味道鲜美极了。别说了，这简直就是赤裸裸的诱惑，赶紧启程吃鲈鱼去！

沿着长江，你可以一路走一路吃。你不仅能吃到美味的鲈鱼，还能吃到吴越地区特有的橘子、柚子和菱角。有兴趣的话，你还可以尝尝莼菜的味道，莼菜的营养价值很高，关键是滑溜溜的口感非常好。对于江浙的穿越客来说，莼鲈之思就是江南人特有的一种乡愁。

长江两岸风景宜人，适合乘船观赏。在清澈的水里，你还能见到许久不见的老朋友——白鳍豚和江豚。沿途风光醉人，你不必着急赶路，缓缓行才最享受。

天姥山

"我欲因之梦吴越，一夜飞渡镜湖月。"让我们去两千多年前未开发的天姥山和剡（shàn）溪看看吧。这里的一切都是纯天然的原始状态，没有多余的人工痕迹。放眼望去，满眼皆是绿色植被，生态环境好极了。在这里，你再也不用担心因为吸入过多的细颗粒而导致肺癌了。不过你得注意安全，要是困在南大荒的湿地森林里真不知道能不能被好心人救回。因此在来之前，多看几集贝爷的《荒野求生》，怎么也会有点帮助。如果你打算走贝爷走过的路，模仿他来个荒野求生，那么来之前一定要做好调查，事无巨细都得注意了，不然在这天姥山里出了问题，就糟糕了。如果你觉得这还不够劲，那么可以挑战一下在刮台风的时候来。

两千多年前的台风一定能给你别样的体验，不过千万记得在穿越前多买几份人身意外险。

会稽山

会稽山，按着汉朝人的说法，是大禹最后的安身之地，而会稽山上的大禹陵则是世代祭禹的圣地。根据《史记·秦始皇本纪》的记载，秦始皇就曾"上会稽，祭大禹"。除此之外，会稽山也是大禹会万国诸侯的地方。所以登上会稽山，欣赏"千岩竞秀，万壑争流，草木蒙笼其上，若云兴霞蔚"的景色之余，不要忘了祭奠这位上古先贤。

值得一提的是，在春秋时期，会稽山成了越王勾践亡国后痛定思痛的地方。不忘会稽之耻的勾践卧薪尝胆，最终成功复国，一报当年的会稽之耻。可见会稽山对勾践来说，有着十分深远的意义。

麻林山

麻林山，乃是吴越地区的齐民风俗村，有空可以去见识一下。按着《绝越书》的说法，这里出产的麻，质量很好，可以用来造弓弦。大概你已经猜出来了，弓就是这里的特产。你若喜欢，大可以带走一张。

古人有一套完整的制弓之术。《考工记》上说：制弓最看重时节，凡制作弓，须冬季剖析干材而春季用水煮治角，夏季治理筋，秋季再用胶、漆、丝三种材料将干、角、筋组合在一起，冬季严寒时节固定弓体，隆冬冰冻时检验漆纹是否剥落。

可见，制弓是一件很考究的事儿。总之，想要得到一把好弓，制作时必须要有耐心。你在麻林山选购弓的时候，多半会首先想到檀木大弓，其实檀木不是制弓的首选，柘木才是制弓的最好材料。汉代的应劭在《风俗通》中说："柘材为弓，弹而放快。"所以买的时候，记得要买柘木弓，檀木则次之。

如果你觉得这里的弓还不够好，小柳只好推荐你去找秦人买。因为秦人、楚人都比较喜欢弓这样的远程攻具，确切地说，他们喜欢的是弩机，尤其是秦人。所以呢，在弓弩制造业上，秦国才是大户。他们的弩机在当时和后世都很有名，想要得到上等的弓弩还得找秦人。

天目山

天目山，作为天目铁木唯一的生长地，也可以去看看。现在的天目铁木已是濒危植物，仅存五株，十分稀有。不过这五株天目铁木生长状态不算很好，它们下部侧枝几乎全部被砍掉，而其中一株的主干顶梢已经折断。不得不说，天目铁木的濒危实在令人遗憾。两千多年前的天目山，未必被称为"天目山"，但如果你能在吴越找到它，或许就能看到天目铁木生长得欣欣向荣的姿态。若你顺便在山上植上一棵天目铁木，没准等你穿越回来后，再去天目山旅游还能找到它呢。

湛卢山

湛卢山，重峦叠嶂，不过到这里来可不是为了登山，而是等一个人。

这个人就是欧冶子。根据《越绝书》记载，铸剑大师欧冶子曾应越王允常之命，到此山中冶炼湛卢宝剑。所以到湛卢山来最大的目的就是为了偶遇大师。

虽然吴越出产的弓弩品质不怎么样，但他们铸造的宝剑却闻名天下。一把光亮湛然、吹毛可断的吴越宝剑，放到各诸侯国那可都是鼎鼎有名、受人倾慕的好剑。而欧冶子这种顶级大师，他铸的剑更是受到各国君主的追捧。你若有幸打动欧冶子为你铸剑，那这趟穿越之行简直是美妙极了。不过想让欧冶子给你铸剑其难度系数实在太大，这个挑战失败的概率非常之高。但别灰心，先试试再说呗，即使不行，你还可以找别人铸剑嘛。

要知道越人素来好剑，他们的国君勾践更是超级剑迷，按东晋王嘉《拾遗记》的记载："越王勾践，使工人以白马、白牛祀昆吾之神，采金铸之以成八剑之精，一名掩日，二名断水，三名转魄，四名悬翦，五名惊鲵，六名灭魄，七名却邪，八名真刚。"可见吴越铸剑之术精湛，另请高人也不难。至于越王勾践这个剑迷，除了喜欢定制宝剑之外，还喜欢养相剑士。所谓相剑士，用今天的话来说就是宝剑鉴定师。当时有一个著名的宝剑鉴定师薛烛，他看到越王勾践珍藏的宝剑后，给了一把叫"纯钧"的宝剑相当高的评价，而纯钧剑的制作人就是著名铸剑大师欧冶子。

所以，欧冶子这样的人物定然不会轻易答应你。若真求不到他的应允，你也只能退而求其次，找别的铸剑师帮忙，比如说他的女儿莫邪。但如果你在山中找寻多日不见人影，那还是赶紧下山去，搞不好时间没掐对。这样等下去，也不是办法，还是另外请人铸剑吧。

捌

千年已过
八卦犹存

时光也不能腐蚀一颗叫『八卦』的心。

有的人在史书上只留下寥寥数笔，却一

样叫人惊艳，叫人唏嘘，让人忍不住探

寻他们的故事、他们的人生。

孟姜女的神化之路

孟姜女哭长城，千古传唱传到今。这位孟姜女的哭功十分了得，居然把长城都给哭倒了，她一定不是人，是神！

孟姜女究竟是怎么一个人，有着怎样的人生，为什么最后被神化了呢？

从古至今，一直有很多人喜欢用孟姜女的故事来体现秦朝暴政、百姓苦不堪言，一如唐代著名的画僧贯休在《杂曲歌辞·杞梁妻》中所写的那样："秦之无道兮四海枯，筑长城兮遮北胡。筑人筑土一万里，杞梁贞妇啼呜呜。上无父兮中无夫，下无子兮孤复孤。一号城崩塞色苦，再号杞梁骨出土。疲魂饥魄相逐归，陌上少年莫相非。"而诗中哭倒长城的贞妇杞梁妻正是孟姜女的原型。

原来孟姜女嫁的杞梁，不是范喜良啊。

关于孟姜女哭长城这一壮丽事业的记载，除了刚才说的《杂曲歌辞·杞梁妻》外，还有更详细的版本。在敦煌唐代石窟发掘出的变文中，就发现了《孟姜女变文》的残卷。其所述经过大体和贯休的版本相差不远，但内容更为丰富曲折。在这个版本中，增加了孟姜女为夫送寒衣、滴血认夫以及寻夫途中与骷髅对话的许多情节。《孟姜女变文》演绎的故事连贯起来是这样的：

孟姜女远赴长城为夫送寒衣，好不容易赶到目的地，却得到丈夫早就因不堪徭役重负亡故了的消息。于是，悲伤欲绝的孟姜女便大哭起来。她那惨烈的哭声感动了山河，感动了天地，成功哭倒了长城。

长城倒了，埋在长城下的尸骨都散落了出来。于是，悲愤的孟姜女开始找寻亡夫的遗骸。不过，长城下的白骨实在太多，它们看起来又没什么区别，孟姜女实在不知道哪些才是属于自己亡夫的。没奈何，孟姜女只好咬破手指，开始滴血认夫……

一番折腾后，故事终于发展到了孟姜女和骷髅对话这一场景。这个情节有些山寨《庄子·至乐篇》里庄子和骷髅对话的情节，不同的是庄子遇上的骷髅一个劲地说自己变成鬼多么好，多么逍遥，而孟姜女遇上的骷髅们则异常哀怨，纷纷吐苦水说自己本来是名家子弟，后被秦人发配来筑长城，累死了不说，死了还陈尸荒野，做孤魂野鬼是多么的不幸！这些骷髅好不容易遇上一个可以交流的人，完全切换为诉苦模式，不停地表示很想回家，很想家人为他们办一场招魂仪式。真是君独不见长城下，万里白骨无人收。新鬼烦冤旧鬼哭，天阴雨湿声啾啾！

《孟姜女变文》里孟姜女哭长城的故事，已经十分接近流传后世的版本了。事实上，孟姜女的原型杞梁妻确实哭过，也记载在史册上，但是她哭的是丈夫征战不归，战死沙场。这个典故最早出自《左传》。事情发生在襄公二十三年（公元前550年），齐庄公从晋回国，途中顺道攻打了莒国，而齐将杞梁在这场战斗中不幸壮烈牺牲。之后，齐国人载着杞梁尸回到临淄。杞梁妻闻之，就在郊外的道上哭迎丈夫的灵柩。听闻杞梁妻已经在道上哭迎的齐庄公立即派人赶去吊唁，但杞梁妻认为齐庄公的做法很不对，在郊外吊唁，既仓促又没诚意，如此行事是对亡夫的不尊重。所以后来，齐庄公还亲自到杞梁家中吊唁，以示知礼。

杞梁妻哭夫，这则发生在春秋时期齐国的故事，同秦人没有半点关系，和秦始皇筑长城那更是八竿子打不着。杞梁妻之所以哭夫，先前已经提到，是因为丈夫战死沙场，这跟后人臆想的徭役，完全是两回事。纵观先秦文献，《左传》《礼记》和《孟子》提到的也只是杞梁妻哭夫而已，根本就没有哭倒城墙的说法，更别说长城了。那么杞梁妻怎么从哭夫变成了哭倒长城，又怎么从春秋时期的齐国穿越到大秦帝国的呢？

哭倒城墙这个创意最早来自西汉时期刘向所著的《说苑·善说篇》："昔华周、杞梁战而死，其妻悲之，向城而哭，隅为之崩，城为之阤。"在这里，杞梁妻虽然已经哭出规模了，但她哭的原因还是因为其夫死在战场上。不过随着时代变迁，文人墨客又在刘向的版本上各种添油加醋，到了唐代，杞梁妻哭夫的故事已经演变成了孟姜女哭长城。不仅故事背景由春秋时的齐国挪到了秦朝，其夫死亡原因也由战亡变成了不堪徭役而死。不知道唐人是不是受到了魏晋诗人陈琳《饮马长城窟行》的启发，才演变出孟姜女哭倒长城，现出累累白骨的情节。《饮马长城窟行》言："生男慎莫举，生女哺用脯。君独不见长城下，死人骸骨相撑拄。"

这就是孟姜女的神化之路，可知早在《孟姜女变文》中，她就已经脱胎换骨了。而变文中孟姜女的故事作为一种艺术加工品，它被赋予了时代意义，是一种变相的借古讽今。宋代及其之后的时代，又延续《孟姜女变文》的故事大纲，进行了进一步加工。渐渐地，孟姜女哭长城就变成一个痛斥始皇暴政的故事。其实故事的背后，人们真正想讽刺的并非是秦，而是时下。

傲娇妹子郑瞀，千金难买一顾

　　"长门事，准拟佳期又误！蛾眉曾有人妒。千金纵买相如赋，脉脉此情谁诉？"为博君顾，汉武帝废后陈阿娇不惜花费黄金百斤请司马相如写就一篇辞藻华美、情真意切的《长门赋》。而今天我们故事的主人公郑瞀（mào）却是君王三召，千金难买一顾。

　　郑瞀妹子本是随郑国嬴姓女子陪嫁到楚国的媵。她的身份、样貌不见得多么出众，然而就是这样的她却难得地吸引了楚成王的目光。要知道楚成王的后宫中不乏那些出身不错且又十分貌美的夫人，比如传说中引发"召陵之盟"的蔡缪侯之妹蔡姬。

　　蔡姬这个妹子也是个传奇人物，她并不是一来就是楚成王的夫人，在此之前，她曾是一代霸主齐桓公的夫人。至于蔡姬妹子怎么改嫁的，这就跟她调皮的性格有关了。当初在齐国时，有一次她和齐桓公共乘一舟，蔡姬妹子仗着自己精通水性便顽皮地撑桨将船猛烈摇晃起来，齐桓公霎时就吓白了脸，屡屡喝止。但是玩得正开心的蔡姬妹子却丝毫听不进去。事后，齐桓公震怒之下便将她休回了蔡国，大约想教训一下妹子，让她收收性子再接回去。哪知这事把蔡缪侯给气坏了，没多久就将蔡姬改嫁给了楚成王。正所谓倾国与倾城，佳人难再得，齐桓公得知后，那真是气不打一处来，第二年便兴兵伐蔡。蔡国比较弱，一打就投降了。之后，齐桓公又浩浩荡荡地带着大队人马南下问罪于楚。好在楚成王早有准备，一边使人筑方城整军以备，一边派人责问齐人来意。齐桓公自然不好意思说自己带着军队是为妹子而来，于是机智的管仲上前发难："昔召康公命我先君太公曰：'五侯九伯，若实征之，以夹辅周室。'赐我先君履，东至海，西至河，南至穆陵，北至无棣。楚贡包茅不入，王祭不具，是以来责。昭王南征不复，是以来问。"管仲把周天子抬出来，先道明召康公曾赋予齐国先君太公征伐诸侯的权利，以辅佐周室。然后责问你楚国应该进贡的包茅没有进献，天子祭祀用品不全，实在是失责。最后翻旧账，把昭王南征楚国不归的大罪盖在楚国身上。不愧是管仲，一下就把齐国说成了正义使者，你楚国有罪，打你怎么了？淡定的楚成王回答道："贡之不入，有之，寡人罪也，敢不共乎！昭王之出不复，君其问之水滨。"楚成王的回答倒也算是不卑不亢，最终齐桓公权衡利弊之后，接受了楚成王的建议，与其缔结了"召陵之盟"。蔡姬妹子自此就安生地待在楚国啦。

楚成王的后宫除了这位蔡姬妹子，还有许多样貌与出身都不错的漂亮姑娘。鲁僖公二十二年（公元前638年）泓水之战后，楚成王途经郑国带回来两个郑国美眉。鲁僖公二十七年（公元前633年），楚成王又迎娶了一位卫国美眉。而那位有郑督做陪嫁的郑国美眉，她的出身自然也不会差。可见楚成王后宫的竞争力还蛮大的，与她们相比，郑督无疑是个卑微的小人物。一般而言，她永远都没有出头的机会，终身只能是媵。但就是这个卑微的小人物，却被楚成王破格从媵提升为夫人。不要以为郑督妹子有多会笼络君心，投其所好，事实正好相反，她是个知礼守礼、三观端正的好妹子。郑督传奇故事的开始，是那么奇妙。

一日，楚成王登上楚宫高台，俯视着他的后宫。顿时，后宫的那些美人们无不抬首仰望她们尊敬的大王，不过却有一人自顾自地缓步前行，连头都没有回，好像什么事情都没有发生。如此鹤立鸡群、与众不同的行为，一下子就引起了楚成王的注意，他命令道："那个向前走的人，寡人命令你止步回头。"

听见诏命后，那人并没有理会楚成王，而是照样前行。这无疑让向来自信十足的楚成王倍感诧异。于是，他这次略带挑逗地说："只要你回头看寡人，寡人便提升你做夫人。"那个女子还是没有回头看一眼楚成王，依然自顾自地缓步前行。

这下楚成王真是纳闷极了，难道夫人的高位都打动不了那位姑娘，于是他继续加大砝码引诱道："只要你回首，寡人便赐你黄金千斤，而且还会封赏你的父兄！"

家族利益、黄金千斤加上夫人的尊号，若齐齐放在一个普通的媵面前，怕是没有不回首的。可这个人不是别人，而是郑瞀，她始终没有任何动心的迹象，步伐如方才一样，丝毫不见凌乱。

楚成王一连召了郑瞀三次，别说千金，就连封官加爵的条件都开了出来，只为博得一顾，可是郑瞀始终都没有理会他。这不由得让高台之上的楚成王万分惊奇，于是他放下自己高高在上的身段，亲自跑了下去，询问道："夫人是宫中的重位，而封爵不仅有丰厚的俸禄，还能提高家族地位，君无戏言，只要你回首看寡人一眼，这些都是你的了！可你却一直都不理会寡人，这是为何？"

郑瞀的回答很简单，她说："妾听说妇人的举止应当端正和顺，方才大王站在高台上，如果我去看便失了礼仪；不去看，大王又以封赐我为夫人和封赏我父兄为条件，来引诱我回头。但若我因此止步回头，那我不就成了一个爱慕权势、贪财好利的人了，如此品行又怎么能够侍奉大王呢？"

显然郑瞀是一位极其聪明又有见解的女人。想要特立独行，吸引人眼球这并不难，可难的是脱颖而出的同时，又要合乎礼法，赢得对方的好感与赞赏。尤其是在不了解楚成王，双方也没有任何交流的情况下，她依然敢于三召不顾。可见，郑瞀是个十分有主见、有原则、有胆量的人，若生为男子，想必另有一番成就。

郑瞀所表现出的特别之处，是楚成王别的夫人和媵、妾身上所没有的，给人一种耳目一新的感觉，因此楚成王不仅对郑瞀的回答相当满意，而且对郑瞀的为人亦是十分欣赏，随即便将郑瞀立为夫人。而这则故事后来也衍生成了一个典故，叫"郑瞀不顾"，亦叫"子瞀不顾"。李白在《赠裴十四》中就曾借用这则典故来盛赞裴十四不肯为富贵而忘义的品格，即"金高南山买君顾"。

郑瞀成为夫人后，想来和楚成王度过了一段甜蜜的时光，在君王的心里留下了一席之位，不然楚成王不会就立太子这样的国家大事向郑瞀提出询问。

最初，楚成王打算立长公子商臣为太子，他征求令尹子上的意见时，子上却意外地反对。按着子上的话说："大王您现在正值壮年，后宫中又有不少宠姜，现在就立太子，万一以后您后悔了，到那时废了再立新太子，肯定会引起内乱的。再说，我们楚国的旧制就是少子守家，大王何必这么早立。依臣之见，公子商臣此人，蜂目而豺声，这面相着实狠辣啊。所以臣以为公子商臣断不可立！"子上的话倒也不差，这天下的形势每天都在变化，天都在变，人怎么可能一点儿也不变呢？没有人可以给自己的未来打十足的包票。

不过楚成王却不认为这样。要知道齐桓公生前就是因为没有立太子，才导致他病重时，五个儿子为此争斗不休，以至于齐桓公死了六十多天，尸体都腐烂了也没人管，直到新君继位才将他安葬。楚成王这是要吸取教训早早地给自己选定好接班人。

话不投机的楚成王有些郁闷。上完朝，回到后殿，他就这个问题又询问了郑瞀。

郑瞀的回答十分中肯："妾以为令尹之言有他的道理，大王应该听从才对。"这个回答有点平淡，但值得注意的是，这次询问离千金一顾只相隔一年时间，可见楚成王对郑瞀还是挺上心的。不过还差点火候，楚成王询问郑瞀只是单纯地想在夫人这里得到认可，而不是听到赞同令尹子上的话。这就像是在外面被人驳了脸面，回家找媳妇求安慰一样，满以为媳妇会顺着自己，哪里晓得居然帮着外人说话，简直是太生气了！

很快失望的楚成王便表现出了君主固执的一面，他执意立了商臣为太子。不仅如此，楚成王为了太子可以在日后成为一个合格的接班人，没多久就给太子安排了一个能力不俗的人做太子傅，此人就是潘崇。这个时候的楚成王一定是很宠爱这个儿子，无论他样貌如何，儿子总是自己的心头肉。

不管世事如何变换，父母对孩子的关爱总是不会改变的。也许正是因为这样的人之常情，楚成王才执意要立商臣为太子吧。作为父亲，他相信自己不会改变对儿子的关爱，同时他也相信自己的儿子不会让他失望。然而，随着时间的推移，很多事情已经偏离了当初预想的轨道。

令尹子上因为曾公开反对楚成王立商臣为嗣，而被太子商臣记恨上了。鲁僖公三十三年（公元前 627 年），晋国的阳处父侵入楚国友邦蔡国，楚国派子上前去救援。子上率领的楚军和晋军夹着泜展开对峙。阳处父担心这样耗下去得不偿失，于是他派人对子上说："我听说：'文不犯顺，武不违敌。'你如果真想打，那么我就后退三十里，你渡河再摆开阵势，早打晚打听你的，也好让我缓口气。不然军士劳累又白费军资，这样对谁都没有什么好处。我们这边可以立马待命，你那边怎么样？"子上想要渡河，但是楚军中另一个负责人大孙伯说："不行。晋国人不讲信用，如果趁我们渡河时展开袭击，等着吃败仗吧，后悔都来不及！

不如让他们缓口气。"于是楚军后撤了三十里。阳处父见状，干脆宣布："楚军逃了。我们可以凯旋回去了。"说完，就带着晋军整队回国了。敌人都跑了，楚军自然没有留下的必要，也就回国了。子上这场仗严格说来压根就没有打，但是太子商臣却因旧怨，诬蔑说："子上一定接受了晋国的贿赂，所以故意退避他们，这是楚国的耻辱，子上罪莫大焉！君父，断不能饶恕他！"信儿子，还是信令尹？楚成王无条件地相信了自己的儿子。于是，他听信了商臣的话错杀子上。呜呼，一代良臣饮恨殒命。

而在深宫之中的郑督听说这件事后，对楚成王失望极了。她忍不住对自己的傅母①说道："唉，我听说妇人应该只管那些馈送酒食的事儿，但是如今有些话我实在忍不住不说。昔日令尹建议大王不可立商臣为太子，太子便从此记恨上了他。今日太子诬陷子上，而大王却没有深入调查就冤杀了好人，这简直是颠倒黑白，本末倒置啊。现在大王有这么多宠爱的儿子，他们个个都想得到王位。而太子商臣为人贪忍，这样下去，他肯定担心自己有朝一日会失去现在的位置。大王根本不明白他这样做会给楚国带来什么，又没有人敢去点醒他，看来楚国未来势必要兴起一场嫡庶之争了。"

后面的发展正如郑督猜测的那样。楚成王作为父亲，虽然关爱着每一个儿子，但父爱有时往往不能平均分割，他也不例外。

时移世易，楚成王渐渐对小儿子公子职越加偏爱起来，而这种偏爱，无时无刻不在刺激着太子商臣。太子是一个明白人，他很清楚自己的弟弟公子职得到父

---

①傅母，专职看顾、教育皇族、贵族子女的女性，一般多为中年、老年女性担任此职。春秋战国时期，保母与傅母是由不同的女性来担任的，因此贵族或皇族子女，大多同时有傅母与保母。

亲的宠爱越多，自己就离王位越远。事实上，正如商臣想的那样，慢慢地楚成王确实萌生了改换太子的想法。这一次楚成王处理得格外小心，他仅仅和身边几个人提起过此事。

郑瞀得知楚成王打算改立太子一事后，又去苦苦地劝楚成王从长计议，结果这一次楚成王非但没有理会郑瞀，他甚至觉得郑瞀这样是出于私心。这下受了委屈的郑瞀回到寝宫后，又忍不住对傅母说道："我听人说，相互信任的人是不会疑心对方的，看样子如今大王是非要用公子职来更换太子了，这样做楚国各派公族恐会产生动乱。我跟大王说这事，他不但听不进劝，还疑我有私心。只是太子商臣也好，公子职也好，都不是我的儿子，我为什么要去进他们的谗言？这对我有什么好处？与其被人怀疑，让众人不知真相，我不如以死明志。这样大王得知我死，势必会明白太子不能轻易改立。"言罢，一代奇女子郑瞀便自尽了，从此楚宫里再也找寻不到她的身影。只有傅母遵照所托，将郑瞀的遗言原原本本地带给了楚成王。

郑瞀不惜舍弃自己的生命，但求楚成王能够醒悟，在太子废立一事上从长计议，以使楚国可以避免一场纷乱，这正如《诗经·郑风·羔裘》里所赞颂的那样："羔裘如濡，洵直且侯。彼其之子，舍命不渝。"

如油般润泽的羊羔皮，上面的毛儿既漂亮又舒展，穿着它的人，诚然是一位君子，宁可舍弃生命也不愿改变气节。

"舍命不渝"不只停驻在诗篇中，有一个来自郑国的小女子身体力行地实践了，"非至仁，孰能以身诚"。为了大王和楚国的未来，郑瞀不惜以命相谏，其品行和气节不输于任何男子。从"千金难顾"到"舍命不渝"，郑瞀可谓是春秋一大奇女子，古来能有几人可与之媲美？

　　我想楚成王听完郑詹的遗言一定会懊恼不已，惆怅、反思或许都有吧。可惜，一切都太晚了。

　　楚成王欲换太子的谋划因事机不秘，早已被透露了出去。太子商臣得到消息后，为了证实情报确实可信，他先去请教了他的老师潘崇："先生，可有法子弄明这则消息的真假？"

　　潘崇回答："这不是难事。太子可以设宴款待江芈①，在宴席上故意不尊敬她。她心直口快一定什么都说出来。"

　　商臣照做了。果然，江芈很配合地当即怒道："哼，役夫②！难怪大王打算除去你，改立公子职做太子。"此言一出，想必那场宴席自然是不欢而散。

　　事后，商臣很快又找到潘崇询问下一步策略。"先生，事情已经证实了。君父果然有废我之意。这可如何是好？"

　　潘崇不慌不忙地问道："若公子职为楚王，您能屈身侍奉他吗？"

　　商臣说："不能。"

　　潘崇继续道："那么您愿意逃亡到他国，以避祸吗？"

　　商臣说："不能。"

　　潘崇："太子啊，您这不能，那也不能。那么您有胆量像您的父亲那样做一件大事吗？"

　　商臣犹疑了一下，应道："能！"

　　至于这件大事是什么，马上就见分晓。

---

①关于江芈，一说是楚成王的姐妹，见于《春秋左传注·文公元年》，杜注："成王妹嫁于江。"一说是楚成王的宠姬，见于《史记·楚世家》："崇曰：'飨王之宠姬而勿敬也。'"
②杜预注："役夫，贱者称。"

　　楚成王收到郑瞀的遗言没多久，太子商臣就发动兵甲将楚成王所在的宫殿团团围死。兵变，这就是前面潘崇说的大事。而这幕对楚成王来说并不陌生，他在童年时就曾被动地参与过推倒前任楚王——其兄楚堵敖的兵变。楚成王之父楚文王卒后，文王与息妫所生的长子熊艰继承王位，是为堵敖。次子熊恽老老实实地做着他的公子，就这样相安无事，直到堵敖三年①。此时，楚国内部因权力纷争，公族逐渐分为了两派：一派公族支持现任楚王熊艰，另一派公族则支持二公子熊恽。按《史记·楚世家》记载："……欲杀其弟熊恽。恽奔随，与随袭弑庄敖②。代立，是为成王。"其实呢，与其说是熊艰打算除掉自己的弟弟，不如说是支持他的公族打算除去熊恽。因为按鲁庄公十四年（公元前680年）楚文王灭息纳息妫为夫人来算，到堵敖三年（公元前672年），熊艰和熊恽的年纪都不大。同样的，这场纷争与其把它归纳为兄弟之争，不如看成一场单纯的权力游戏。其核心不在于兄弟俩的矛盾，而在于他们背后两个不同政见的公族的斗争。最终，支持熊恽的那一派公族赢得了这场纷争，熊恽也由此登上了王位，是为楚成王。

　　而今，英雄迟暮的楚成王成了兵变的对象。

　　高坐在王位上的楚成王或许仍旧保持着以往的威仪，但他的内心一定很苦涩。如今他只能自我解嘲："孩子，你为什么要这样做，你不是太子吗？寡人的王位迟早都是你的，你又何必急于这一时呢！"

　　太子商臣回道："君父，因为我知道明天我可能就不会再是太子了，您要改立公子职为太子。现在如果我不这样做，那么王位将永远不会属于我。君父啊，

---

①《史记》作五年，案从《左传》三年。
②庄敖，即堵敖。

我做了这么多年的太子，我做错过什么！如今您却偏爱公子职，要改封他为太子，让我去屈身侍奉自己的弟弟。君父，我做不到，同样我也做不到因为他而流亡别国。现如今我别无选择，只有这样做我才能自保！君父，难道您真的不明白吗，今天我之所以会出此下策，那都是因为您啊！君父……"

"……我……"

面对儿子的质问，楚成王终于明白了郑瞀的良苦用心。但直到父子两人兵戎相见，楚成王才恍然大悟——之前自己真的是大意了。没有任何准备的楚成王成了瓮中之鳖。走到这一步，楚成王自知求生无望，他无奈地提出了最后的一个要求，他希望儿子可以等他吃完熊掌之后再动手。然而，这一要求却被拒绝了，理由是熊掌难熟。商臣不乐意再拖延半刻，所以楚成王最后只能空着肚子上路。一代霸主就这样被自己的儿子逼着自尽了！

楚成王在位四十六年，一共吞并一十二个诸侯国，扩地千里。可以说楚成王的君王生涯几乎是完美的。但是再完美的英雄也有他凄凉的一刻，楚成王被子迫死，实乃一大恨事。

不仅如此，楚成王自缢之后，商臣甚至考虑将父亲的谥号定为"灵"。何为"灵"，好祭鬼怪曰灵，不勤成名曰灵，乱而不损曰灵，极知鬼神曰灵，死见神能曰灵，死而志成曰灵……灵，在君王的谥号中是一个相当糟糕的恶谥。真不明白商臣和楚成王这对父子之间的鸿沟到底有多深才能让商臣这样对待自己的老爹。

直到看见父亲迟迟不肯闭上的双眼，商臣才打消了这个想法。最终他把楚成王的谥号定为"成"。

"成"，安民立政曰成，刑民克服曰成，佐相克终曰成，制义克服曰成，礼乐明具曰成……"成"，还算是符合熊恽的一生吧。

商臣继位后，是为楚穆王。楚穆王虽然上位的手段极其狠辣，对自己的父亲也丝毫不留情面，可以说冷酷到了极点，但作为国君，他倒是一点儿也不含糊。楚穆王在位十二年，先后灭江、蓼、皋陶等国，使楚国进一步控制了淮南、江北地区，为日后楚庄王问鼎中原以及楚国的再次辉煌奠定了基础。

看楚穆王这般能力，不得不说当初楚成王固执地非要立商臣为太子，未见得是错。以商臣的实力确实不枉为人君，至于为人子，如果楚成王晚年没有过度偏爱小儿子公子职打算改立太子，那么商臣和他的隔阂又会不会这么深呢？当然，改换太子的想法，可能也说不上是楚成王的错。毕竟令尹子上冤案在前，商臣的私德确实不怎么样，这也算是一条废太子的合理理由吧。

唉，是也非也，谁又能说得清楚呢。这些对黄泉之下的楚成王来说已然不重要了。只可惜郑瞀以命相谏，还是未能改变结局。也许早已料到这般的郑瞀，死在楚成王前面，才不会那么伤心吧。

蔡女启示录之私奔看人品

《齐风·南山》云："娶妻如之何？匪媒不得。"在先秦，原不提倡男女自由结合，若是哪家少年郎看上人家小姑娘，可不能私下引诱，得请媒人去女方家下聘才行。不过少年人青春烂漫，总有男子哄得小姑娘心动不已，私自出奔到男方家。爱情虽然甜蜜，但是不被认可的婚姻很难获得幸福，来自家人、社会的轻视，往往对女子造成无法言喻的伤痛。《管子·形势》载："自媒之女，丑而不信。"意指自己选择婚姻的女子，不够光彩，也不值得信任。这还不算，《礼记》曰："奔者为妾，父母国人皆贱之。"私奔，对女性的伤害是刻骨铭心的，任何人都可以轻贱她们，如果得到丈夫的宠爱，那么还能好好地度过一生，如果失去这份恩宠，那么等待她们的则是一场噩梦。

但是总有追求爱情的大胆女子，不惜与社会为敌，无媒嫁给自己的爱人。为爱出奔的故事，千百年来从来就没有停止过，她们遵循自己的心意，谱出一个又一个的传奇。

这里要讲的就是一个私奔女的故事。

主人公乃是春秋时期蔡国人，史称"蔡女"。她的一生，我们只能通过零星的只言片语揣度，而故事的开始，始于一场私奔。《左传·昭公十九年》："楚子之在蔡也，郹（jú）阳封人之女奔之。"

蔡女的父亲在蔡国郹阳担任封人。所谓封人，《周礼·地官·封人》曰："封人掌设王之社壝（wéi），为畿封而树之。"到春秋时则为典守封疆，同时掌管筑城之官。这个官职谈不上高，按着《周礼》的记载，封人一般由中士担任。蔡女虽然出身谈不上多么尊贵，但她相中的人却倒有些来头。

此人名为弃疾，是楚共王的宠子之一。而楚共王就是我们前面提到的靠神明选嗣的君王，在那个当璧选嗣的故事中，长公子招叩拜时双膝压在了宝璧上；二公子围在叩拜时手肘也触到了宝璧；三公子比、四公子皙无缘王位，都没有触及宝璧；而当时过于年幼的五公子弃疾，则被人抱进太庙叩拜，连着两次整个人都压在了宝璧之上。如果完全按着神明的旨意，似乎还是小正太的五公子才是最佳的继承人。不过，楚共王还不至于迷信鬼神到真将一个小正太立为太子，毕竟触及宝璧的还有长公子。楚共王百年之后，继承他王位的人自然是长公子招，即楚康王。

楚康王在位十五年，期间力挫吴国，伐郑求霸，算是楚国中后期一位比较有作为的君王了。他在对待四位弟弟的态度上，也是颇为宠爱。楚康王死后，他的儿子顺理成章地被立为新一任楚王，史称"郏（jiá）敖"[①]，楚康王的二弟公子围则成了主持楚国大小政务的令尹。怀有异心的公子围并不满足于令尹的高位，

①关于楚人的"敖"有四种说法：一是楚官名说，二是未成君说，三是以葬地命名说，四是楚先君说或酋豪、首领说。此处郏敖，应该是未成君说。

他有着更远大的抱负。没多久，楚国就出现了君弱臣强的局面。郏敖四年（公元前541年），公子围出使郑国，行至楚国边境，忽然得到侄子郏敖染疾的消息。于是，他便以探王为由，中道返回，在楚王宫中亲手勒死了侄子郏敖，自立为楚王，即楚灵王。

提到楚灵王估计大家不会太陌生。楚宫细腰之所以如此出名，一大半是因为他的功劳，包括闻名诸侯的章华台也是他的杰作。到此，当年触碰到宝璧的第二人也成为楚王了。此时，三公子比、四公子皙已经离开了楚国，分别去了郑国和晋国。而那个触碰到宝璧最多的人，如今依然是一个默默无闻的公子。不过，随着楚灵王上台，公子弃疾的命运悄然发生改变。当然，蔡女的命运也随着她丈夫弃疾的改变而有了崭新的变化。没错，这时的蔡女早已出奔到公子弃疾的居所，他们还育有一个儿子。

蔡女和公子弃疾是何时相遇的，无从得知，《左传》里只记载了他们相遇的地方，而没写明时间。但是按《史记·楚世家》的记载，楚平王二年（公元前527年）时蔡女和弃疾的儿子建十五岁，推测他们相遇的时间起码也得在十五六年前，甚至更早。这样算来，楚康王末年到郏敖三年都有可能。尽管这时的公子弃疾仍旧默默无闻，但也是正值韶华的贵公子。再加上那个不知能否兑现的神谕，公子弃疾倒也称得上是奇货可居了。面对这样一个贵公子，蔡女会动心也自在情理之中。想来，公子弃疾也不会是一个一点甜言蜜语都不会说的闷瓜，毕竟很多事情一个巴掌拍不响。当一个女孩肯不顾一切地"暗合双鬟逐君去"时，感情因素往往占了很大比重。想来年少的蔡女定然是个美貌的姑娘，而弃疾也是一个相貌堂堂的少年，若得"父母之命，媒妁之言"，倒也是天作之合了。不过私奔之名既定，已无转圜，蔡女只能期盼弃疾待之如初，好生珍藏。

　　楚灵王即位后，为人好大喜功，为了霸主的位置，四处与诸侯征战。这也给公子弃疾带来了机会。楚灵王八年（公元前533年），楚灵王以公子弃疾为将，领兵灭陈。楚灵王十年（公元前531年），蔡女的家乡蔡国发生了一件大事，当初蔡景侯为太子般娶了位楚国姑娘做太子妃，本来是一件好事，可没多久，蔡景侯就和儿媳私通。太子般一气之下，就发动了兵变弑父自立。得知此事后，楚灵王觉得有了一个可以正当伐蔡的理由。

　　于是，楚灵王召蔡灵侯来朝，设计将蔡灵侯灌醉，然后杀之，连带着杀了蔡灵侯身边的几十个士卒。之后，又让公子弃疾带兵围蔡。楚、蔡两国，实力相差悬殊。没多久，蔡国都城就沦陷了。当时留守蔡国都城的太子友，不仅沦为楚人的俘虏，还成了一个可怜的祭品。此事《左传》是这样记载的："冬，十一月，楚子灭蔡，用隐太子于冈山。"

　　事后，凭借灭陈、蔡两国的功劳，以及和楚灵王还算不错的兄弟之情，公子弃疾被楚灵王封为了"陈蔡公"。不过这次封赏还有些坎坷，最初楚灵王提出这个想法时，遭到了申无宇的强烈反对："臣闻五大不在边，五细不在庭。亲不在外，羁绊之臣不在内，臣恐由此生乱。"何为五大，孔颖达疏引贾逵云："五大为太子、母弟、贵宠公子、公孙、累世正卿也。"楚国公族在政治上有相当大的影响力，直到战国，楚国上层结构的主体依然是屈、景、昭三大公族与一些其他小公族。而这些人大都符合公孙、累世正卿这两个条件。所以楚灵王没真把申无宇的话放在心上，照样封了公子弃疾做了陈蔡公并且放他去了自己的封地。

　　有人说富贵不归乡如锦衣夜行，又有谁人知？由此可见，衣锦还乡算得上是人生一大得意幸事了。如今跟着公子弃疾重返蔡国的蔡女，可以说是富贵归乡，但她的心情未见得有多么得意畅快，恐怕近乡情怯会更多一些吧。毕竟是公子弃疾带人灭了故国，现在更是将其作为封地，作为蔡国人，蔡女想来是矛盾极了。而公子弃疾蛰伏之后，还有着更大的手笔。

楚灵王十一年（公元前 530 年）冬，楚灵王亲自率兵伐徐。本来呢，他是想借此机会震慑吴国，结果却在乾溪流连忘返，一直到来年春天，仍终日沉迷于享乐中，甚至打算在这里建起第二座章华台。楚灵王虽有大志，但他的某些处事手段实在让人不敢恭维。而就在楚灵王犹自沉浸在霸业梦，流连在乾溪的美景之时，他的幼弟公子弃疾却趁此机会联合了逃亡在外的公子比、公子皙效仿当年的楚灵王发动了一场宫廷政变。

阴谋的起源地自然是在陈蔡。蔫居、许围、蔡洧、斗成然这些楚灵王原本不加礼遇的人，成了陈蔡公弃疾忠实的支持者。他们合谋借着光复蔡国的名义，调动起了蔡人，然后以陈蔡之师为主力进入楚国。到达楚郊后，陈人、蔡人想要宣扬名声，请求筑起壁垒，陈蔡公弃疾则说："我们的行动必须迅速，而长途行军已经让士兵十分疲劳了，不需筑起壁垒，编成篱笆就行。"于是大家用篱笆围成军营。接着，陈蔡公弃疾又派须务牟和史猈先进入郢都，借着安插在太子身边的正仆人杀了太子禄和公子罢敌。进入王宫之后，他们先采取清宫政策，之后按着长幼次序，公子比做了楚王，公子皙做了令尹，而年纪最小、功最大的弃疾则做了司马。这显然不是弃疾想要的结局，但当务之急绝不是和另两个哥哥争权，而是派人去乾溪宣布新王继位的消息并告诉他们新王的命令是：先归者，爵禄以旧，后者，施以劓（yì）刑。

收到消息后，楚灵王安置在乾溪的军队很快就溃散了，大家都心急火燎地急着赶回都城。而楚灵王本人在听到两个儿子的死讯时，则无助地摔倒在了车下。最终楚灵王在众叛亲离之下选择了自尽，属于他的时代就这样画上了句号。而新的时代，又会属于谁呢？

公子比继位之初，有一个叫观从的人向他谏言："请大王杀了司马弃疾，如果不杀弃疾，臣恐怕您得不到楚国，还会因此受灾。"公子比的回答却是："手足之情岂能弃，寡人实在不忍心啊。"

"大王，您不忍心伤害别人，别人却忍心伤害您！"言罢，观从只能无奈地离开公子比，隐遁了起来。

没多久，郢都内外谣言四起，甚至有人奔走相告："大王就要从乾溪回来了。那些作乱的人不会有好下场的。"这些由公子弃疾刻意安排的流言蜚语很快就击溃了公子比、公子皙的心理防线。之后，公子弃疾又让斗成然跑到公子比、公子皙那里跟他们说："大王已经回来了，国人杀了您的司马公子弃疾，马上就要来杀您了。现在众怒如水火一般，已经无路可走了。您还是早作打算，省得受辱！"斗成然的演技应该是十分高超，因为他成功骗得公子比、公子皙两人自尽。

公子弃疾终于实现神谕，成为新的楚王，即楚平王。蔡女这次算是扬眉吐气了一番，跟着成了君夫人，他们的儿子建也被立为了太子。十几年过去了，蔡女和弃疾之间或许已经没有了昔日的激情，但是相濡以沫的两人，还是有着深厚的情谊。眼下光景，放在蔡女面前的道路若锦缎般璀璨，让人好生艳羡。

楚平王上台之后，政务繁忙。他采取了一系列布德施惠的政策，并和各诸侯交好。为了兑现诺言，他首先恢复了陈、蔡两国。接着，他又按功封赏追随者，并且取消了灵王时的一些苛政，举拔之前被罢黜的官吏。为了体现新君宽宥、政出仁义，他特地找来了之前向公子比提议要杀他的观从。

楚平王："听说你曾经向我的兄长谏言，要除去寡人？"

观从："若公子比肯听臣之言，他怎么会有这样的结局呢？"

楚平王："那么现在卿有什么能替寡人做的？"

观从："臣的先祖曾经是卜尹的助手。"

楚平王也算是一个明白人，干脆就让观从做了卜尹。之后，楚平王派枝如子躬到郑国聘问，同时交还犫（chōu）地、栎地两地。但聘问结束后，枝如子躬并没有交还两地。郑国人只得请求道："听道路传闻，楚王打算把犫地、栎地赐还给寡君，谨敢请命。"枝如子躬答："下臣没有听到这样的命令。"枝如子躬回国复命后，楚平王问起归还犫地、栎地之事，枝如子躬脱去上衣谢罪说："臣有错，违背了王命，没有交还。"楚平王非但没有怪罪他，还拉着他的手，说："卿不要归罪自己！先回去罢，寡人以后有事，还要有劳卿等。"楚平王这一系列举措，让国中上下都吃了颗定心丸，迅速稳定了国中形势，也赢得了一片美誉。

在楚平王推行息民政策期间，斗成然自视功大，不知节制，和养氏一族勾结。对此，楚平王倒也果断，直接杀了斗成然，灭了养氏一族。同时，楚平王为了表达自己不忘旧勋的政治理念，他又不计前嫌地任斗成然的长子斗辛为郧公。

上台不久的楚平王十分忙碌，但是也没有因此落下对太子的教育，早早地就给太子安排了太傅伍奢，少傅费无极①。而为人刚直的太傅伍奢和太子建处得相当投机，少傅费无极则不为太子所喜。此时，君明臣贤，父慈子孝。如果这就是故事的结局，那么无论是对蔡女还是对楚国来说都是如梦般的美好。

然而，遗憾的是，这不是一个故事的结局，而是另一个故事的开始。

楚灵王六年（公元前 535 年），历时数载，穷土木之技，倾举国之资修建的章华台终于落成了。然而，这座瑰丽宫殿的缔造者还没来得及给章华台再添上一

①《左传》作无极，《史记》作无忌。音近。

抹娇艳的霞飞，他的政权就早早地随着汉水东逝成了过眼的云烟。沉寂之后，章华台的新主人很快就给它添上了一抹娇霞。而这位夫人的到来给蔡女的生活带了想象不到的变化，就像是一场灾难开始的讯号。

楚平王二年，蔡女的儿子太子建已经十五岁了。对太子一贯重视的楚平王很快便找人张罗起太子建的婚事。经过一番考虑，他决定让太子的少傅费无极出使秦国，为太子迎娶一位秦国公主。这位秦国公主叫"伯嬴"，楚简也作"秦景夫人"，她的姿容如桃花般娇丽，比起齐国以美貌著称的姐妹花文姜和宣姜也毫不逊色。而这份美貌却给伯嬴带来了类似宣姜的厄运。

原本费无极和太子建的关系就忽近忽远，不甚亲近，相比太傅伍奢要疏离许多。因此，得不到太子足够重视的少傅费无极一直想找个机会报复一下太子，同时又能博得大王的重用。当费无极看见伯嬴绝美的姿容时，他觉得机会来了。回到楚国后，费无极便对楚平王说："伯嬴的美貌当世无双，大王为什么不自己娶呢？至于太子，可以为他另选一位佳人。"

对这样的进言，楚平王当时的反应并没有被记录下来。可到了迎娶伯嬴的时候，楚平王便按着卫宣公当年的法子，自己娶了伯嬴，给太子建另娶一位陪嫁的齐国姑娘。想当初卫宣公为迎娶准儿媳宣姜，在淇水之边建了一座新台，卫国人便歌《新台》来讽卫宣公强占儿媳的丑行：

新台有泚，河水弥弥。

燕婉之求，籧篨不鲜。

新台有洒，河水浼浼。

燕婉之求，籧篨不殄。

鱼网之设，鸿则离之。

燕婉之求，得此戚施。

什么意思呢？小柳只管把现下的流行解释拿来一用，且博大家一笑。"新台光鲜又明亮，河水盛大且充盈。本想嫁个俊公子，这个丑货还不死。新台高大又雄伟，河水湍急且丰沛。本想找个好配偶，可这老丑不短寿。人家捕鱼得鸿雁，叫人好生不艳羡。本想找个如意郎，谁料蛤蟆丑难挡。"

如今楚平王的行径和卫宣公如出一辙，只是他没有必要再去建一座新台，因为章华台已经是当时最奢丽的宫殿了。试想一下，千年之前，落日的余晖洒落在楚宫那条用紫贝铺就的道路上。每只小贝壳光洁的表面都微微泛起些许红光，与天上的晚霞相得益彰。这时，尚且不明真相的伯嬴被众人簇拥着，走上了那条通往殿阁的紫贝路。前方的殿阁越来越近，小美人的玉容上羞涩地泛起一抹红晕。就这样，娇艳如霞的伯嬴带着对未来美好的憧憬和对配偶的好奇步入了殿阁。很快失望便呈现在她的娇容上。无论霞光多么艳丽，它总会被层层叠叠的楼阁殿宇吞没。

面对一个年纪和自己父亲差不多的新郎，伯嬴无疑是失望的。但失望始终是有期限的，当万千宠爱集一身时，她失望的玉容还会持续多久呢！

然而，在另一座宫殿深处，蔡女恐怕只能用心碎来形容了。原本一切都向着好的方向发展，即使年岁渐长，美貌不再，大王不如原来那般宠爱她，但到底念着旧情十分礼遇自己，对儿子建亦是关爱有加。可如今，大王不顾大义，贪图儿媳美貌，罔顾人伦，自行娶之，父子之情恐生嫌隙。

后宫中最悲剧的不是色衰爱弛，而是你色衰爱弛，取代你的人却本该是你的儿媳。那则相似的故事里，卫宣公原来的夫人夷姜因为接受不了这样残酷的事实而选择了投缳自尽。与早早带着怨气离世的夷姜相比，活着的蔡女，她悲剧的命运才刚刚拉开大幕。

万千宠爱集一身的伯嬴很快便有了自己的孩子，楚平王自然将这个孩子视若珍宝。渐渐地，他对蔡女母子越来越疏离。楚平王六年（公元前 523 年），楚平王让年仅十九岁的太子建驻守城父。这让之前因为进献伯嬴而得到楚平王重用的费无极看到了一个可以彻底除去太子的机会。自从费无极劝谏楚平王父纳子媳开始，他和太子建就彻底决裂了。时下他虽然可以在楚平王的庇护下过得自在，但是一旦大王百岁，未来必然是属于太子的。如果太子建成了楚王，那么费无极自然是要为自己当初的谗言付出代价。所以对费无极来说，趁着楚平王还在位，把太子建从储君位子上拉下来才是头等大事。

这一次，费无极干脆向楚平王说：“大王，有一件事，臣知道是您的家事，但为了楚国，为了您，臣不得不说。自从您纳了伯嬴为夫人之后，太子一直都记恨着。现在太子和伍奢准备率方城以外的人作乱，这事一旦成功，必然将危害您和楚国啊。”

六年之前，还是公子的楚平王在陈蔡干的事情与费无极现在诬陷太子建的事情又有何异！当年聪明狡黠的公子弃疾用一个又一个的阴谋成功地把自己的兄长挨个逼上了绝境，而今成为楚王的弃疾自然不会允许别人用同样的方式来复制他的成功，尤其是自己的儿子。在楚国，很早就有一则典故叫“熊掌难熟”，而这则故事里弑父自立的主人翁商臣就是楚平王的曾祖父。楚国君权争夺之激烈，即使父子之间也没有例外。这还是远的事情，近的就在七八年前。当初蔡灵侯何以弑父自立，不就是因为蔡景侯行不正，父通子妻嘛。

有这些例子在前，无论太子作乱是真是假，楚平王都不会掉以轻心。况且，娶伯嬴一事本来就德行有亏，太子心中定然不满。但事情不能偏听一方之言，所以楚平王又召来了太子太傅伍奢责问他事情的缘由。太傅伍奢为人刚正，对于这种没有来由的诬蔑，他的回复是："大王，您之前已经犯过一次错了，现在怎么还听信这种谗言，疏离自己的骨肉呢？"伍奢是一位忠直的大臣，但是他不懂得什么是谏言的艺术。他的回复很正直，正直得没有给楚平王留任何面子，而且说的也基本不在点上，根本就是答非所问。楚平王召伍奢的目的是想听太子建在城父到底如何，而不是听儿子的老师变相地批评自己。伍奢说的"之前已经犯过一次错"，画外音不就是谴责他父纳子妻吗？这话直接戳中了楚平王的脊梁骨。因为费无极之言，楚平王心里对太子建本来就有疙瘩，现在倒好，伍奢的直谏不仅没有打消他的疑虑，反而加剧了他的怀疑。对楚平王而言，既然自己的前过不能随着时间的推移，逐渐被人淡忘，那么只好再犯一个错来遮掩了。于是，楚平王干脆逮捕了伍奢，然后派城父司马奋扬去杀了太子建。

用新错来掩盖旧过，这样的错误是永远也犯不完的。好在，司马奋扬并没让楚平王的新错实现。接到楚平王的命令后，奋扬非但没有去诛杀太子建，反而令人通知太子建，让他逃到了宋国。之后，奋扬让城父大夫逮捕自己回到郢都。楚平王当即便责问他："话从寡人的口中说出去，进到你的耳朵里，没有第二个人知道。是谁告诉建的？"

奋扬回答："是臣告诉太子建的。大王曾有令：'事建如事余。'臣不才，不能有二心。臣奉了起初的命令去对待太子，就不忍心执行您后来的命令，所以臣放走了他。不久，臣后悔了，但也来不及了。"

楚平王继续道："既然如此，你怎么还敢回来？"

奋扬回答道："臣接受的命令没有完成，如果大王召见不来，那就是第二次犯错了。一错再错的话，臣就是逃走，恐怕也无处可以容身。"话都说到这份上了，楚平王自然不好发落他，索性便释放了奋扬，对他的待遇也一切如旧。

　　不得不说奋扬是一个很会说话的人，把棘手的问题都丢给了楚平王。私放太子变成了遵从大王的旧令。对比前令和旧令，楚平王又是否会想起往昔的岁月呢。不过往昔再重要也敌不过眼下。现在太子建走了，但可能存在的危险还没有彻底消除。这时，费无极又向楚平王进谏道："伍奢的两个儿子都很有才能，如果他们去了吴国，一定会给楚国带来麻烦，何不用赦免他们父亲的名义召回他们。如果他们足够孝顺，一定会回来。不回来，他们必然会是祸患，大王您更不可放过他们。"正如唐代元稹诗句写的那样，"子建犹相贰，伍奢安得存"，一个对自己儿子都能狠下毒手的父亲，怎么会对别人的儿子手下留情。虽然楚平王的诏令是只要伍子胥和伍尚肯回来，连同他们的父亲都可以一起被赦免，但是若他们真回来了，楚平王是绝对不会放过们的。所以聪明的伍子胥没有回去，他追随着太子建去了宋国，而他在楚国的家人则全都被诛。

　　此时，伯嬴的儿子顺利地成了新太子。蔡女则被楚平王送回了郧地，彻底成了一个多余的人。往日恩情不再，这对夫妇彻底决裂。只是蔡女势单力薄，只一个小女子的她根本反抗不得，也无法帮助逃亡在外的儿子建，唯有祈祷他平安渡过难关。

　　太子建到了宋国之后，正巧遇上华氏之乱。所以他和伍子胥会合后，并没有在宋国久留，立刻辗转去了郑国。郑国人待太子建很好。太子建后来又去了次晋国，晋顷公利诱他说："寡人听说你和郑国的关系不错，他们又很信任你。这样吧，你给寡人做内应如何？若成功灭郑，寡人便拿一半的郑国封你。"听了这话，太子建回到郑国后，果真做了晋国的奸细。而那些不知情的郑国人，仍像当初那样待他。后来，晋国人派间谍去太子建那里，间谍请求回国时与他约定袭击郑国的日期。这时，太子建在他的封邑里表现得很暴虐，于是封邑的人就告发了他。郑国人来查问，抓住了晋国间谍，随后杀死了太子建。如果说太子建在楚国的遭遇是一个无辜的悲剧，那么在郑国发生的一切，则是不作不死。当然，假使没有楚国那出丑剧，太子建亦不至于沦落至此。

在郧地听到儿子死讯的蔡女无疑是极度伤心的。薄情郎若是陈世美，秦香莲尚且可以告御状，但薄情郎若是君王，真真连哭的地方都没有。如果说公子弃疾永远只是一个名不见经传的公子，更或者蔡女当初索性嫁一个普普通通的士人，那么纵使被抛弃，她也可以像诗经《氓》描绘的卫女一般"信誓旦旦，不思其反。反是不思，亦已焉哉"，洒脱地离开。而今蔡女作为君夫人，即使被楚平王送回了郧地，也依然活在楚平王的掌控之中。大国之君和小国之君，始终是有差别的。昔日蔡景侯私通楚女被太子弑杀，很快楚灵王便以此为由，把蔡国灭了。此后，蔡国虽然因为辅助楚平王的关系得以复国，但它的存在仅仅是一个附属品。在近代安徽寿县蔡侯墓出土的蔡侯钟上，赫然就有"……余非敢宁忘，有虔不易，（左）右楚王，崔（hè）崔豫政，天命是（将），定均庶邦，休有成庆……子孙鼓之"的铭文。可见紧挨着楚国的蔡国只是一个国力有限的小国，它的生存只能依附于大国。正因此，蔡侯行不正，作为大国的楚国可以出面干预。然而同样的事情发生在楚王身上，蔡国人是无济于事的。因此，在郧地的蔡女什么也做不了，只能默默接受发生的一切。

儿子没了，但是蔡女的希望并没完全破碎。早些年太子建和齐女育有一子名胜，这孩子现在还活着。太子建被诛后，王孙胜便跟着伍子胥逃离了郑国前往吴国。在去吴国的路上，伍子胥和王孙胜途经楚国的昭关。楚平王也没看在孙子的分上放他们一马，依然追捕他们。伍子胥见形势紧迫，便和王孙胜分开，各自徒步逃亡。差一点伍子胥就不能脱身了！幸好在江边伍子胥遇上一个厚道的渔夫，知道他很危急，二话没说就渡伍子胥过了江。事后，伍子胥解下随身带着的价值百金的宝剑赠送给渔夫，渔夫执意不肯接受，回答道："依楚王之令，逮住你伍子胥的人，可赐粟五万石，爵执珪，难道我渡你过江只为了值一百金的宝剑吗？"楚平王的诏令固然无情，可楚人对伍子胥的遭遇还是普遍同情的。在渔夫的帮助下，伍子胥虽然顺利逃出昭关，但是他的厄运并没结束。还没有到吴国的都城，伍子胥就病倒了。因为没有盘缠，可怜的伍子胥通过一路乞讨才到达吴国都城。伍子胥作为一个成人尚且如此波折，那么独自逃命的王孙胜，他的遭遇又会是怎样的呢？算起来王孙胜的年纪和伯嬴儿子熊轸的年纪差不多，最多也就只有三四岁。同样的年纪，熊轸生活在父母的宠爱庇护下，他是万众瞩目的焦点，有着无限美好的未来，而不久前才失去父亲的王孙胜也被许多人关注着，因为他祖父的悬赏令，现在他做了亡命之徒。小柳不知道伍子胥和王孙胜是在何处再次会合的，是过了昭关之后，还是直接在吴国的国都。但是无论在哪一处，王孙胜逃亡之路势必少不了许多艰辛。

　　而这些犹如一把又一把细盐撒在蔡女那颗早已破碎的心上。但渐渐地，原本麻木的心又有了疼痛的感觉。即使儿子没了，为了孙子，她也不能就这样苟活下去。楚平王九年（公元前520年）冬天，怨恨的蔡女找到了一个报复楚平王的机会。她私自召来了吴国人，悄悄为他们开启了城门。之后，吴国太子诸樊成功拿下郹地，带走了蔡女。离开楚国的蔡女，终于在吴国和自己的孙子团聚了。

　　自此之后，蔡女就消失在了漫长的历史年轮中。其实蔡女本身是一个不知生卒年的小人物，甚至在《左传》里关于她零星的记载，很多时候都不是因为她本人，而是因为她的丈夫，她的儿子。如果楚平王没有干出父娶子妻的丑事，也许《左传》未必会特地提一笔"楚子之在蔡也，郧阳封人之女奔之"。蔡女的人生至荣至衰都离不开楚平王，她就好像楚平王身后的一抹影子，被动地摇曳而没有多余的选择。直到"楚大子建之母在郧，召吴人而启之"，蔡女的形象才慢慢地变得清晰起来。回头一想，当初蔡女出奔到公子弃疾那儿何尝不是她自己的选择呢。而当初的选择或对或错，对蔡女来说在她离开楚国的那一刻已经不重要了。

蔡女并不是先秦时期唯一的私奔女，但她的人生充满了戏剧性。她这一生大起大落、大悲大喜。年轻时，她大胆为爱出奔，追求自己想要的幸福，终于赢得和爱人同载史册的机会。然而人心易变，爱人转眼成为仇人，自己痛苦度日，最后通过叛国才逃离丈夫设下的牢笼。她演绎了一出又一出甜蜜的场景，让人觉得好生快活，但她又多么不幸，好像把所有的悲剧都一一呈现。古来私奔者，有人幸运有人不幸，没走到终点，谁又能言中结局呢？

凤凰男张耳的励志人生

作为一个带有"光环"的凤凰男，拼一点搏个好前程并不是那么难。凤凰男中最具代表性、混得较成功的，信陵君的门客张耳算是一个。张耳原是战国末期魏国人，秦朝统一天下后成为通缉犯，等汉高祖刘邦建立大汉朝，他又凭本事封为异姓王，一生跌宕起伏，历经三朝。这位仁兄发迹的过程充满了趣味性，请容小柳八卦一下。

张耳，魏国大梁人，生年不详，卒于大汉五年（公元前202年）。1978年河北石家庄市北郊发掘出一座汉初的古墓，而墓主人经考证正是故事的主人翁张耳同志。墓中主棺内还发现了这仁兄的遗骨，经河北新医大学人体解剖教研室鉴定，这仁兄享年约在四十岁到五十多岁之间，身高一米七五。不过按着史书细细推敲一番，张耳终年四十岁的可能性基本为零，四十多岁的可能性也相当之低。因为信陵君死后十八年魏国灭国，魏亡六年秦统一天下，秦治天下十五年而亡，汉立五年，张耳卒。从信陵君死亡算起到大汉五年，中间都有四十四年，所以这娃的终年在五十岁以上还比较靠谱。

按着史书的记载，张耳少时在信陵君门下做过食客，而这段经历就是张耳点亮的第一个"光环"。其实这一光环是借了信陵君的光，因为信陵君以其无可挑剔的人品和能力，绝对称得上是先秦时代乃至秦汉时代的公共偶像人物。能成为他的门客，和偶像亲密接触，这是众人艳羡的好事，自然成了张耳可以吹嘘的资本。

魏安厘王三十年（公元前247年），信陵君由赵归魏，幸运的张耳，赶上了信陵君门客的末班车。不过，好花不常开，好景不常在。四年后，信陵君魏无忌死了，张耳的好日子也跟着到头了。不知道何时，又因为什么样的事由，张耳干脆把自己大梁的城市户口给黑了，脱籍逃亡到了外黄（今河南民权西北）。在外黄，他开启了人生的另一个模式——屌丝傍上富姐，一跃成为凤凰男。

作为一个黑户，逃到外黄的张耳什么都没有，什么都不是，只能寄居在朋友家。好在他的朋友是当地一个大豪富的门客，马马虎虎勉强还算是能罩住他。说来事情也巧，他朋友所效力的富豪有位千金貌美如花，可惜嫁得不如意，嫁了一位"庸奴"。其实吧，这哥们也不见得真有多差劲，只是富姐心气高，瞧不上眼罢了。于是，很有个性的富姐就毫不犹豫地从夫家出走了，跑到了父亲的门客家。同是天涯沦落人，相逢何必曾相识，张耳和富姐这两个出奔在外的人没处多久，就擦出了火花。那位不知名的门客，不知是真心替雇主的千金着想，还是替朋友谋求出路，见此情形，干脆顺水推舟地对富姐说："你不是一定要找一个德才兼备的人做丈夫吗，那就嫁给张耳吧。"

富姐："这事靠谱吗？他一个无业游民……"

门客："你可以质疑我的眼光，但你怎么能够质疑信陵君的眼光？别看张耳眼下如此，想当初他还曾是公子的门下客呢！"

富姐："……"

最终富姐还是拜倒在张耳的光环之下，回去后就跟前夫和离，带着丰厚的嫁妆嫁给了张耳。娶了富姐后，张耳立即摆脱了低谷状态，现在的他户籍问题解决了，住房问题也跟着解决了，日子可以说是越过越好。安定下来的张耳也有了钱去养门客，他以"信陵君门客"的身份给自己增加影响力，聚集名声，还当上了外黄的县令，拥有了正经体面的差事。

这一经历，就是张耳被打上凤凰男标签的始末，娶了富姐少奋斗了二十年不说，还改变了命运。现在，这哥们就差脸上写着"人生赢家"几个大字，不知道羡煞多少后辈。但是张耳同志能够成功在外黄安身立命真的很简单吗？

张耳可以做到这一步，一来是因为他岳父雄厚的财力，不是所有的凤哥都可以娶到纯金的富姐，那还有娶到镀金的呢；二来也离不开他自身的经营，这点对凤哥们来说尤其重要，千万别以为随随便便有点长处就能成功，除非你的才貌真是超乎寻常的出众，不然，根本不精通用包装和炒作来经营的娃们，还是洗洗睡吧。也许在梦里会有神迹出现，现实中凤哥才不是想做就能做的呢。富姐和富有的岳父大人不会凭空看上你，拿张耳来说吧，年纪轻轻就可以给信陵君做门客，多多少少总有些才能。而且，别看娶富姐从头到尾好像都是门客在撮合，背地里张耳肯定也没有少下功夫。估计张耳是把可以拿出来显摆的谈资都给得瑟上了。而"信陵君门客"这一光环始终很给力，从娶媳妇到自己招揽门客，都起到了十分重要的作用。

张耳的门客里，出现过不少能人异士，当然也少不了寻常人，其中就有一位平凡的刘姓少年。这位叫刘季的青葱少年，他呢，是信陵君的忠实粉丝，可惜生不逢时，没等到他长成，信陵君就先死了。有时候"君生我未生，我生君已老"的惆怅未必只是小女生的专利。小刘同学就因为自己年纪实在太嫩，没有机会给信陵君做门客而惆怅了好些日子。后来他听说魏国外黄县令曾是信陵君的门客，于是小刘同学本着对偶像的倾慕以及一颗八卦的心，背着行囊从沛丰邑[1]不辞劳苦地跑到了魏国外黄，投到了张耳门下。

然后，小刘同学在张耳家混吃混喝待了好几个月，听了不少关于信陵君的故事后心满意足地回家了。回家后，又混了若干年的小刘同学做上了泗水亭长，有了一份比较稳定的工作，但是婚姻大事却一直没有着落。不知道是不是受了张耳的影响，还是怎么地，总之，他对自己的另一半十分挑剔，高不成低不就，直到自己从小刘变成了老刘。好在老刘的模样还不错，据说有贵人之相。所以从单父搬到沛县，家庭条件还算不错的吕大爷冲着老刘同学的贵人之相，热心地把女儿嫁给了他，解决了老刘同学老大难的单身问题。再后来，吕大爷相面的本事得到了证实，老刘成了坐拥天下的大汉天子。成为天子的老刘将自己的名从季改成了邦，季则变成了字。[2]说真的，混到天子这份上，名字基本都用不上了，因为没人敢对天子直呼其名。彼时已经贵为天子的刘邦依然不忘自己青葱时代崇拜过的偶像，每次经过大梁他都不忘去祭拜一下信陵君。不仅如此，他还特地给信陵君配置了五家人守冢，这待遇赶得上赵王啦。刘邦给故赵氏也不过就是配了五家人守冢。

不过现在还是青葱少年的小刘同学见识不深，满心欢喜地被张耳忽悠得团团转。要知道信陵君的门客在他窃符救赵前就足有三千人，之后魏公子无忌客居赵国十年又吸引了平原君一半的门客跳槽到了他那儿，回到魏国估计又收了不少新

---

① 沛丰邑，在今江苏丰县县城内。
② 见《史记·高祖本纪》索隐："按：《汉书》'名邦，字季'，此单云字，亦又可疑。按：汉高祖长兄名伯，次名仲，不见别名，则季亦是名也。故项岱云：'高祖小字季，即位易名邦，后因讳邦不讳季，所以季布犹称姓。'"

人。总的来说，信陵君的门客数量应该是相当可观的，而张耳仅仅是后期收来的新人，就算信陵君在最后的四年里常常与宾客日夜畅饮，但在筵席上一个新人的席位能靠近信陵君多近呢？即便是很靠近，他们又能有多少交流？

可以想象，信陵君门客众多，张耳只不过是其中之一，与公子或许根本就没有什么深交。只是作为信陵君的门客，张耳那几年倒也能从同僚嘴里听到不少关于魏公子无忌的故事。但毕竟不是自己的亲身经历，都是道听途说而来。不过，作为目睹过信陵君风采的魏公子故客，忽悠一下没有见过本尊的愣头青还是不成问题的。

当然，被忽悠的不仅是小刘同学一人，否则，张耳又怎么会声名远播呢。

不过，人怕出名猪怕壮，出名有时未必是好事。就是因为太出名了，秦灭魏后便把张耳也拉进了黑名单，甚至开出了一千金的赏金来缉拿他。估计是因为那会儿的张耳思想过于陈旧，老想着自己是魏国人，处处与秦不快。当然，这也不能怪他。众所周知，魏公子这辈子都搭在了合纵抗秦这事上，而且魏公子在河外之战后，郁郁不得志就是因为秦人使的反间计。张耳同学作为魏公子的门客，受到其熏陶再正常不过，加之他又是土生土长的魏国人，秦灭魏时他还是魏国外黄的县令。所以呢，他哪里好意思跑去抱秦人的大腿。俗话说得好，不争馒头争口气，六国的大腿咱可以抱，秦人的大腿咱就是不抱，饿死也不抱。于是张耳同学骨气了一把，光荣地成了一个亡命之徒。

接下来的十多年里，张耳的人生遭遇如明珠蒙尘，晦涩无光，但也收获了好基友一枚。

这一次逃亡虽然匆忙，但是张耳并不孤单，除了自己携家带口之外，还有一个叫陈馀的小兄弟同样带着老婆孩子与他一路做伴。当然，陈馀小兄弟也是秦人的通缉对象，人头值五百金。两家人一路披星戴月逃到了陈地，谢天谢地总算可以安定下来了。很快现实问题接踵而至，逃亡的人身上能带多少盘缠？十多年前自己光棍一个，一人吃饱全家不饿；如今拖家带口，那点小钱哪里够用，不去挣钱一家人的口粮都成问题。一分钱难死英雄汉，张耳骨气了没多久就和陈馀一起隐姓埋名，在当地做了里监门。里监门，也就是里的守门人。这工作以前帮魏公子窃符救赵的侯嬴也干过，工作内容类似今天传达室老大爷干的事。不过别小看这份差事，人家也算公务员编制。在秦朝，里监门也是吏的一种，只是级别太低了，因而常常被人轻贱。

有了这份微薄收入，张耳总算可以勉勉强强在陈地落户了。这个时候，不知道他老婆外黄富姐是不是觉得自己遇人不淑呢？之前好不容易花了大把的财力将一个亡命之徒倒贴成县令，做了若干年的县令夫人，可惜好景不长，如今张耳丢了县令的工作不说，还成了秦朝的通缉犯。第一次婚姻时富姐没有孩子，和丈夫对不上眼大可以挥一挥衣袖潇洒地走掉。眼下却不一样了，十多年的夫妻情谊再加上孩子，如今的富姐没得选，苦也罢，怨也罢，都只得跟着丈夫的脚步走。此时的她带着孩子跟张耳一起颠沛流离到了陈地，在间巷之左的破瓦寒窑里勉强度日。想来富姐从小到大都没有过过这样的日子。间左，在古时候是穷人住的地方；而间右，则是富豪聚集地。一个生在间右，长在间右，在间右住了小半辈子的富姐一下子掉进了贫民窟，生活从原来有人服侍到如今样样都亲力亲为不说，花的每一分钱都要精打细算，富姐心里的巨大落差可想而知。不过，好在还有人做伴。住在她家对门的陈馀夫人也正经受着同样的痛苦。话说若干年前，陈馀小兄弟还是一个穷苦的小儒生，在赵国苦陉一带留学。他的勤奋刻苦很快得到了当地富豪公乘氏的关注，后来富豪把自己闺女嫁了给他。于是，陈馀小兄弟立刻脱贫致富，凭借女方的嫁妆混得人模人样。因缘际会，陈馀小兄弟和张耳一见如故，结成刎颈之交，从此便做了一对好基友。估计陈馀小兄弟也是眷恋故国，对秦不满，秦灭六国后，他也成了通缉犯之一。他老婆公乘氏家的富姐自然跟外黄富姐一样，如今只能住在闾左，精打细算地过着日子。

两家人就这样平静地生活着。突然有一天陈馀小兄弟也不知道怎么了，把他的上司给惹毛了，于是上司毫不留情地鞭笞了他。据说刚打上去的时候，陈馀小兄弟心里那叫一个不爽，估计他是这样想的："要不是因为被通缉，我会被你这样的庸奴打！"想着想着，陈馀突然起身，眼神直直地瞪着上司。这把一起当差的张耳给急坏了，心想："看架势陈馀小兄弟是打算倒打上司，这哪里成啊！咱们可是通缉犯，你这样做咱们不就暴露了身份吗？你要暴露也就算了，还连累我，忒不厚道。"情急之下，张耳一边踩了踩陈馀小兄弟的脚提醒他，一边帮着上司按住了陈馀小兄弟，让他乖乖挨打。打完后，上司心情舒畅地走了。张耳则忍不住将陈馀小兄弟领到了桑树林里，见四下无人，便开始教育陈馀小兄弟："当初我是怎么对你说的？咱们是要做大事的人，现在遇上一点小小的侮辱，你居然就想跟一个小官吏拼命！你也不想想暴露了，你和我的人头加一起有一千五百金，这不是白让别人发横财吗？！"想明白的陈馀小兄弟赶紧为这事向张耳道歉。果然姜还是老的辣。

后来秦人通缉他们两个的文书到了陈地，这两人竟然拿着布告到处问："你们有没有见过这两人啊。他们是通缉犯，人头共值一千五百金。窝藏是要连坐的！"就这样贼喊捉贼十多年，直到秦二世元年（公元前209年）陈胜吴广起义，这两人才主动跑过去献策。

这里得说，张耳和陈馀当初的名气肯定很大。销声匿迹十多年，陈胜这个草根和部分下属竟然还能久闻此二人大名，不容易啊。《史记》云："涉及左右生平数闻张耳、陈馀贤，未尝见，见即大喜。"一日得见两位偶像，陈胜哥大喜过望，眼下正好有问题要请教两位偶像。

陈胜："二位，近来不少乡亲们都劝我早日称王。乡亲们都说我功劳很大，不仅率众讨伐暴秦，还复立楚国社稷，使覆灭的国家得以继存，使断绝的子嗣得以延续，理应早日为王。你们看这事可行不？"

看着陈草根面露期望之色，张耳和陈馀异口同声地劝阻道："秦为无道，破人国家，灭人社稷，绝人后世，罢百姓之力，尽百姓之财，着实可恨。而将军您怒发冲冠不顾生死，为天下除害，这是大公无私的义事。但将军您如果在当下称王，等于在向天下人表明您这样做不是为了天下人，而是为了私欲。我等希望将军暂时先不要称王，当务之急是引兵向西，赶紧找寻六国后人分立为王，给秦制造更多的敌人。只要秦人的敌人一多，那么威胁我们的力量就小了，众人合力，才是上策。这样秦人一定会被打得落花流水。诛完暴秦，您再据咸阳以令诸侯。那些诸侯本来已经被秦人给废了，因为将军您才得以复立，再稍稍施以恩德感召他们，他们哪有什么理由不服从您呢？如此一来，帝业可成。但如果今日将军急于称王，他日恐不得天下。"

陈馀和张耳的分析有理有据，而且相当有远见。他们的意思概括地说就是："复六国，广集众，缓称王。"类似的话，后世有个叫朱升的人跟朱元璋也说过，朱元璋听了，也确实成就了帝业。可惜，千年之前的陈草根眼光没有朱草根长远。虽然陈草根身体力行地实现了当初的豪言壮语"帝王将相宁有种乎"，但是当他真的称王以后，他也确如张耳和陈馀所言那样渐渐开始走背运。王没做多久，陈草根就被他的手下庄贾给杀了，而无法收拾烂摊子的庄贾则干脆投奔了秦人。

　　张耳和陈馀想来已经预料到了陈草根的悲剧，于是不等他被杀就已经找好了下家。陈胜称王之后，这两个人就向他提出了一个很有建设性的意见，大致说来就是："大王，您现在的势力范围不够宽啊，河北赵国的故地还有很多地儿没有拿下。我们跟赵地豪杰多有交往，熟得很，现在我们有办法帮您拿下赵地，只要您拨点兵给我们就行。"陈草根这次倒是听进去了，便做了如下安排：亲信武臣为将军，另派都尉，张耳和陈馀则为左右校尉，率三千士兵前往河北。这样安排，当下看没有问题。武臣一干人等一路也挺顺利，但是攻下邯郸之后问题就来了。当初陈草根没有听从张耳和陈馀"复六国，广集众，缓称王"的建议也就罢了，人家第二次建议打河北，你答应了是没错，但安排又出了问题。张耳和陈馀是有名的贤人，但是贤人也是人啊。建议可不是白出的，左右校尉的官职明显不合人家心意。所以攻下邯郸之后，张耳和陈馀干脆就劝武臣自立为赵王，人家劝词可好听啦："陈王（陈胜）也不是六国后人，就一个草根，尚且称王。如今您的功业和他差不多，您不做大王太遗憾了。"于是武臣就自立为赵王。

　　这事传到陈胜那里，陈草根差点没被气得昏厥过去。三千士卒白白给别人做了嫁衣！怒火中烧的陈胜怀着各种不甘心，打算把武臣等人的家属都给宰了以泄愤。这时，他的相国房君谏言道："大王，您这个时候杀他们的家属实在不智，等于多了一个对头。不如这样，您一面派人过去恭贺武臣，一面把他们的家属接到宫中做人质。这样，大家可以先合作把秦给做掉。"冷静下来的陈草根听从谏言，把武臣的家属接到宫中，还封了张耳的儿子张敖为成都君，接下来又派了人去赵地恭贺武臣。

　　武臣那边却不领情，因为张耳和陈馀又说了："这事不靠谱啊。您称王本来就不合乎陈胜的心意，现在他派人来向您道贺，那是黄鼠狼给鸡拜年，压根没安好心。要是您听他们的话，一起引兵向西，到时候，大秦是完了，但是我们离玩完也不远啦。所以还是向南，把河内郡燕代之地占了。等占据整个燕赵代三地后，即使陈胜灭了秦也奈何不了您。"张耳和陈馀确实都是难得的人才，只是他们提这些建议的时候，丝毫没有想过还在陈胜手里头攥着的亲眷会怎样。古人有言，"成大事者，不拘小节"，这场赌博，赢了自然是皆大欢喜；输了，为他们报仇便是。这样一个名留青史的机会，焉可错过！

好忽悠的武臣，觉得张耳他们的分析头头是道，于是分军三路：一路让韩广攻打燕地；一路让李良攻占常山；一路让张黡（yǎn）出兵代地。然而计划跟不上变化，韩广占了燕地后，他就自立为燕王了！而李良拿下常山后，却在井陉关受挫，被挡住兵锋打不过去，只好回来搬救兵。三路里，只有张黡那边的形势最为顺利。

韩广自立为王后，武臣带着张耳、陈馀去攻打燕。但是，赵王武臣竟然被俘了！武臣哥可真是一个喜感的人呐，平生没有什么本事，就好玩，打燕国期间也不消停，中间还抽空出去打猎。结果倒好，猎没打成，自己倒被燕国捕获了。

没过多久，燕国那边，寄了封恐吓信给张耳他们，大意是：你们的赵王现在在我们手上，你们想要换回他，就划一半地给燕国，不然，休怪我等不念旧情直接撕票啦。收到这封信，张耳那叫一个急。而他前后派出的十几个使者，都被杀了。这下，张耳又陷入了窘境。

这时赵军炊事班里的一个人跟大伙说："我有办法游说燕国，把咱们大王要回来！"

大伙儿异口同声地笑道："你就吹吧。张公和陈公前后派了十来个人去游说，非但没把大王说回来，还把自己的小命给搭了进去。你一个做饭的，能有多大能耐，还是别去送死了！"

张耳和陈馀倒是不拘一格，还真把炊事班小哥给派了过去。主要是死马当作活马医，反正派了这么多人也没一个能成事的，干脆派他去试试，没准能成。

炊事班小哥到了燕国，见到燕国的大将，就问："你知道我为什么来吗？"

燕将："废话，你来不就是为了要回你们的大王。"

炊事班小哥："是也非也。你知道张耳、陈馀是什么样的人吗？"

燕将："又废话，当然是贤人。"

炊事班小哥："你知道他们的志向是什么吗？"

面对炊事班小哥一次一次挑战耐心的提问，燕将不耐烦地回道："你能不废话吗？他们当然是想着要回赵王，不然派你来干吗？打酱油啊！"

炊事班小哥淡定地说道："这你就想错了，他们才不想要让赵王回去呢。当初他们拿下赵地，拥立武臣为王，是为了安抚人心，现在武臣被逮住了，他们正好可以借机称王把赵国给分了。到时候燕国要对付的就不是一个赵王武臣，而是两个脑子比武臣好使得多的大王。你也不想想，张耳他们若真想救赵王，会派我一个做饭的来游说吗？"燕将一想，觉得炊事班小哥的话很有道理，于是往上一禀，燕王想了想干脆就放了赵王武臣。

武臣总算是回来了，可没多久就稀里糊涂地丧了命。前面提到李良在井陉受阻后回来求增兵，在这个关口，李良收到了老东家秦帝国的来信，这封信还是以秦二世的名义寄出的，大意是："只要卿愿意弃暗投明，寡人便既往不咎，并予卿高官厚禄。"其实这是一个离间计。当然，李良也没有放在心里，直到他摊上了一件囧事。

一日，武臣他姐不知道因为什么高兴事喝大发了。醉酒的她兴致一高就带着众多随从，乘着武臣的车驾回来了。李良不知情，一看这架势还以为是赵王来了。李良赶紧让道，伏地拜谒。车上武臣他姐也不知道什么状况，就随便派了个随从打了声招呼。李良才知道车上的人不是赵王武臣，而是武臣他姐。李良一向有些傲气，本来吧，跪跪赵王也倒罢了，但是这次明显被愚弄了！他身边的随从立马挑事道："如今天下能者为王，就算赵王经过也常亲自下车来和您打招呼。如今区区妇人竟然如此打发您。不如杀了她，自己干。"气头上的李良还真就这么做了，之后他又把武臣给宰了。张耳和陈馀因为在赵地人脉广，耳目多，才逃此一劫。后来这两人又在赵地征召到几万人，拥立了一个赵王，这回的赵王歇倒真是六国之后。随后张耳和陈馀把李良赶回了他老东家秦帝国那边。

事情并没有就此消停。很快秦帝国那边主将章邯就带兵打了过来。张耳没能守住邯郸，只好带着赵王歇逃往巨鹿城，但悲剧的是又被王翦之孙王离给围死在城里。这时，陈馀在常山得兵数万，囤积在巨鹿。但是因为敌众我寡，陈馀不敢来救，只是带着几万人天天在城外看戏。而在巨鹿城里的张耳真是急坏了，一直托人带信给陈馀让他来援救。虽然这些信大部分都到了陈馀手里，但是陈馀压根没理。满腔悲愤的张耳实在忍不住了，他在无可奈何的情况下，派出了手下的两个门客张黡、陈释突围，直接找陈馀要兵。

张黡、陈释倒是成功突围到了陈馀跟前，他俩迫不及待地表示："主公说，'我和你曾经约为刎颈之交，如今我和赵王困在巨鹿城里，旦暮且死。你现在拥兵数万，怎能见死不救、作壁上观呢？你还记得当年我们赴难同死的誓约吗？如果你当真守信用，何不攻击秦军而与我们一同战死？也许我们还有十分之一二的希望打败秦军。'"

看得出来，此时张耳的状态几近崩溃，快到临界点了。毕竟他和赵王这时已经在巨鹿城被围困了好几个月。巨鹿城的情况无疑是糟糕的，对张耳来说，不殊死一搏就只有坐地等死；而对陈馀来说，凑上去无疑是九死一生，自己以及这许多士兵恐将命丧黄泉，但在城外盘桓却还有很多同秦军周旋的机会。

于是，陈馀回答道："现在的形势很不妙，我觉得，现在前去终究不能救赵王和张兄，只能导致全军覆没。说真的，我不是吝惜自己的生命，而是我死了，日后谁又替张兄和赵王向秦军复仇？谁又替张兄照顾妻儿老小！所以，为张兄好，我觉得现在最好的办法就是原地待命，静观其变！"说白了，陈馀就是不想去做炮灰。人和人之间共富贵容易，共患难就难了。尤其是一个人在岸上，另一个人却在深渊之中，此时倘若岸上之人还肯不顾一切跳下去救人，这就真是超出一切的大爱了。

陈馀没做到这一步，所以张耳、陈馀这对基友恐怕是要生出嫌隙了。不过张黡、陈释倒真没辜负张耳，执意要陪张耳共进退。没办法，陈馀只好给了他们五千人，让他们尝试突围进城。结果，他俩和五千士卒一起被秦军报销了。而这时，在巨鹿周围作壁上观的各方势力又多了好几支，其中张耳的儿子张敖也在代地召集了一万多士兵赶来。大家都驻扎在城外，不敢进攻秦军。

直到项羽出现，才打破巨鹿僵局。他派当阳君黥布和蒲将军领兵两万渡过黄河援救巨鹿。楚军多次截断章邯的甬道，导致王离军粮缺乏。项羽更是亲自率领全军渡过黄河，破釜沉舟打败了章邯。到这份上，作壁上观的各方军队才敢攻击围困巨鹿的秦国军队，最终保全了巨鹿。不得不说，没有项羽的楚军，困在巨鹿的张耳真的要玩完了。

赵王歇和张耳顺利解套之后由衷感谢了各路诸侯。之后，陈馀和张耳重逢，很快便上演了一场尴尬的对白。

　　张耳："过往的事情，我不想再说什么了。张黡、陈释他们两人现在如何？"

　　陈馀："他们一定要突围，我给了他们五千人，但因不敌秦军都战亡了。"

　　张耳："这是真的？"

　　陈馀："真的，我可以起誓！"

……

　　以上对话，重复了若干个回合，不管陈馀怎么解释，张耳始终不信。陈馀也火了，干脆说："想不到你对我的责怨如此之深！难道你以为我就舍不得放弃这将军的官印吗？你竟然觉得我在骗你！"说完，陈馀解下印信绶带，推给张耳，然后跑去如厕。没有任何思想准备的张耳当时就愣住了。关键时刻，张耳的一位门客大义凛然地说道："我听说，上天的赐予如不接受，反会招致祸殃。现在陈将军将印信您，您若不接受，便是违反天意，很不吉祥。还是赶快取过来吧！"于是，张耳便佩带上了陈馀的官印并接收了他的军队。如厕归来的陈馀，见到这种状况，也很失望，没想到张兄竟这样不留情面，一点退路都不给自己留。无奈之下，陈馀和他的几百个亲信跑到黄河边的湖泽打鱼捕猎去了。此时看来，张耳、陈馀这对基友虽然生了嫌隙，不如先前亲密，但陈馀小弟的表现还是挺洒脱的。

　　巨鹿之战后，赵王歇回到了信都，而张耳则跟随项羽和其他诸侯进入关中。大汉元年（公元前206年）二月，项羽大封诸侯。张耳交友广阔，因此有很多人在项羽那边替他说好话，加之项羽也听过张耳的贤名，便把赵国故地分给了张耳，封其为常山王，都信都，并把信都改名为襄国。陈馀的旧宾客中亦有很多人规劝项羽："陈馀、张耳同样对赵国有功，大王应该平等对待。"可是项羽觉得陈馀没跟他入关，又听说他人在南皮，便随性地把南皮周围的三个县封给了他。至于赵王歇则迁都代县，改封为代王。

　　在南皮钓鱼的陈馀对项羽的分封很不满意，尤其是当他得知张耳宠幸的近臣申阳都被项羽封为河南王，都洛阳时，更是怒火中烧。陈馀的恼羞成怒，自然是可以理解的。想当初，凡事都是张耳、陈馀双双拿主意，现在连张耳的手下都骑在他头上了，真是可气可恨！陈馀对亲信道："张耳和我功劳一般，凭什么张耳封王，而我却只能封侯！这不公平！"

　　正好齐王田荣也觉得项羽分封不公，于是背叛楚国。陈馀觉得机会来了，便派夏说去游说田荣："项羽作为天下的主宰，却不公平，把好地方都分封给将军们去称王，却把原来称王的都迁到坏地方。如今，居然把赵王迁居代县。我家主公希望大王您能借给军队，只要大王允诺，南皮将成为您的屏障。"田荣正有在赵国树立党羽用以反抗楚国的打算，遂分了一部分兵力给陈馀。

　　得到兵力支援的陈馀，又调动所属三个县的全部军队袭击常山王张耳。张耳好不容易混到常山王，外黄富姐也美滋滋地过了几天王后的日子，结果陈馀发兵打来了！这次，两个好基友彻底决裂了，由相爱变成相杀。最后，张耳这边没能挺住，只好败逃。逃亡途中，张耳开始考虑下步路该怎么走，投奔谁才靠得住。一人智短，二人智长。张耳找来了自己的另一个门客甘公商量，而这位甘公很擅长天文观星。

　　张耳："汉王虽然和我有老交情，想当初在外黄时汉王就在我家住了好久，可是项羽势力强大，又是他分封的我，我想投奔楚国。"

　　甘公："据我夜观星象，汉王入关后，五星会聚于井宿天区，井宿天区是秦国的分星。先到的，一定功成霸业。虽然现在楚国强大，但今后一定归属于汉。主公，您还是跟着故人混吧。"

　　经过思索，张耳决定投奔汉王。正巧，汉王也挥师平定了三秦。

　　面对故人来投，汉王刘邦自然很高兴，又有机会把酒话信陵了。

　　大汉二年（公元前205年），汉王刘邦打算向东进击楚国，于是便派使者通知赵国，要和赵国共同伐楚。而这时主持赵国的是陈馀，他有意刁难，便说："只要汉王杀掉张耳，赵国就从命。"面对这样的利诱，刘邦同学不为所动，他一直坚守着自己的原则："兵，我要；张兄的首级，不给！"狡猾的刘邦找到一个和张耳长得相像的人，派人拿着替身的首级送给了陈馀。为了把戏作足，刘邦还替张耳安排了一场葬礼。陈馀信以为真，遂发兵助汉。

　　然而，彭城之战汉王刘邦输了。祸不单行，陈馀觉察到张耳没死，一气之下就背汉而去了。大汉三年（公元前204年），韩信平定魏地不久，刘邦就派韩信协同张耳攻打赵国的井陉。在泜水河畔，张耳、陈馀这对基友终于不用再相互怨恨了，陈馀阵亡。之后，张耳又在赵国襄国追杀了赵王歇。事成后，张耳被刘邦封为赵王。

　　跟着刘邦混的张耳终于安定了下来，外黄富姐也顺利成了赵王后。不仅如此，他们还有一位公主儿媳。彭城之战后，鲁元公主回到了父亲刘邦身边，之后刘邦便把她嫁给了张敖①。

　　外黄富姐那十多年破瓦寒窑的生活也算是回票了，而张耳也如三十多年前她父亲那个门客所说的那样，干了一番事业。虽然等到富姐衣锦还乡的时候，估计那些曾经的故人大多都已不在了吧，但这并不会影响当下的美好生活。

　　大汉五年秋，张耳病逝，谥号景。

---

①他们的成婚时间无确切记载，但肯定是在大汉五年秋张耳病逝前。

　　遥想当初，平原君、信陵君、春申君、孟尝君四位公子各自拥有的门客皆数以千计，所有门客加在一起人数总和估计得上万了；但四公子一死，树倒猢狲散，这上万人真正混得好的屈指可数。这其中，张耳倒可以算得上是个中翘楚了。能做到这一步，一部分是他的时运，另一部分则是靠他自己的才干。若是换了个人处在他的位置上，不一定会比他做得更好。能不能成为信陵君的门客，得到这一初始光环都不一定，更何况迎娶富姐，乃至封王？

　　至于张耳的后人，过得还算是不错。汉并天下之后，解决异姓诸侯的问题提上了日程。大汉八年（公元前 199 年），刘邦从东垣回来，路过赵国。张耳以前的门客贯高等人因前一年刘邦过赵时，对女婿张敖太过轻蔑，因此在柏人县馆舍的夹壁墙中隐藏武士，想要截杀刘邦。而刘邦那头本来是要留宿的，但是一问得知该县叫柏人，刘邦觉得"柏人"是被别人迫害的意思，相当不吉利，于是没有留宿就离开了。大汉九年（公元前 198 年）这事被人告发，于是张敖一大家子除了鲁元公主，全部被逮到了长安，丢进了大狱。这期间吕后因为鲁元公主的关系，多次向刘邦求情说："张敖是您的女婿，他怎么会做这种事情呢！"搞得刘邦都不耐烦了。好在事情最后水落石出，张敖总算出狱。不过，他被降为了宣平侯。

　　到了孝惠、吕后时期，张家因为鲁元公主的关系不降反升。所以，娶公主或者娶富姐在什么时候都是有好处的，张家两父子可不就受惠良多吗？

图书在版编目（CIP）数据

先秦穿越生存手册：一场与过去的对话 / 柳馥著
. -- 北京：台海出版社，2018.10
ISBN 978-7-5168-2116-9

Ⅰ.①先… Ⅱ.①柳… Ⅲ.①中国历史－先秦时代－
通俗读物 Ⅳ.① K220.9

中国版本图书馆 CIP 数据核字 (2018) 第 213647 号

先秦穿越生存手册：一场与过去的对话

著　者：柳　馥	
责任编辑：武　波	策划制作：指文文化
视觉设计：杨静思	责任印制：蔡　旭

出版发行：台海出版社
地　　址：北京市东城区景山东街 20 号　　　邮政编码：100009
电　　话：010 - 64041652（发行，邮购）
传　　真：010 - 84045799（总编室）
网　　址：www.taimeng.org.cn/thcbs/default.htm
E - mail：thcbs@126.com

经　　销：全国各地新华书店
印　　刷：重庆共创印务有限公司
本书如有破损、缺页、装订错误，请与本社联系调换

开　本：787mm×1092mm		1/16	
字　数：200 千		印　张：16.5	
版　次：2018 年 10 月第 1 版		印　次：2018 年 10 月第 1 次印刷	
书　号：ISBN 978-7-5168-2116-9			

定　价：89.80 元